여자가 세상을 바꾸다

세계편

 세계편

여자가 세상을 바꾸다

초판 1쇄 발행 | 2010년 3월 5일
초판 4쇄 발행 | 2012년 7월 15일

지은이 | 유영소
그린이 | 원유미
펴낸이 | 양철우
펴낸곳 | (주)교학사 등록일 | 1962년 6월 26일 제18-7호
주소 | 서울특별시 금천구 가산동 319-7 (공장)
　　　서울특별시 마포구 공덕동 105-67 (사무소)
전화 | 편집부 (02)7075-328 · 영업부 (02)7075-155 팩스 | (02)7075-330
홈페이지 | www.kyohak.co.kr
편집 | 김인애, 김길선, 박소연
디자인 | 김진디자인

ⓒ 유영소, 2010

ISBN 978-89-09-15999-9   73810

이 도서의 국립중앙도서관 출판시도서목록(CIP)은 e-CIP 홈페이지(http://www.nl.go.kr/cip.php)에서
이용하실 수 있습니다. (CIP제어번호 : CIP2010000315)

여자가 세상을 바꾸다

역사를 만든 여자들의
빛나는 도전 이야기

세계편

유영소 글 | 원유미 그림

교학사

| 작가의 말 |

끈덕지게 견뎌 내는 부드러운 희망

한 친구가 내게 물었어요.

"왜 너는 여자들 이야기만 많이 쓰니?"

그 친구는 내가 지난번에 쓴 〈여자는 힘이 세다〉를 읽었거든요. 그러고 보니, 나는 남자보다는 여자가 주인공인 책을 더 많이 썼더군요. 아마도 내가 여자라서 그런 걸까요?

곰곰 생각해 봤는데, 꼭 그 이유만은 아니었어요. 편견에 맞서 세상을 바꾼 여자들의 삶을 촘촘히 들여다보며, 나는 한없이 아름다운 용기를 발견했거든요. 어렵고, 슬프고, 때로는 비참하기까지 했던 과정들을 결코 포기하지 않았던 여자들의 용기는 끈덕지게 견뎌 내는 부드러운 희망에서 나왔어요.

나눔을 실천한 기업가 아니타 로딕, 나무들의 어머니 왕가리 마타이, 어린이를 존중한 참교육자 마리아 몬테소리, 행동하는 지도자 그로 할렘 브룬틀란트, 마야의 딸 리고베르타 멘추 툼, 열정의 천재 조각가 카미유 클로델이 희망했던 세상이, 바로 내가 희망하는 세상이라는 것도 알았지요.

나는 이런 깨달음을 어린이 독자들도 쉽게 알아챌 수 있는 책을 쓰고 싶

었어요. 그런 이유로, 이 책은 여자들 이야기이지만 결코 여자들만의 책은 아니에요. 더 건강하고 더 행복한 세상을 꿈꾸며, 자신을 희망의 증거로 삼고 싶어하는 모든 사람들의 책이지요.

  더 많은 어린이들이 함께 읽기를 바라며, 이번에는 글을 쓰는 방법에도 조금 변화를 주었어요. 역사적으로 평가가 엇갈리는 마리아 몬테소리는 인터뷰 형식으로 소개하고, 훌륭한 조각 작품을 많이 남겼지만 불행한 삶을 살았던 카미유 클로델은 조각 작품들의 입을 빌려 이야기해 봤지요.

  이번에도 나는 글을 쓰면서 똑같은 발견을 했어요. 이들이 해낸 일은 참말 훌륭하지만 이들이 가진 생각은 훨씬 더 훌륭해서, 글을 쓰는 내내 감동을 많이 받았다는 거예요. 그 감동이 여러분에게도 오롯이 전해졌으면 해요. 그래서 부드러운 희망을 이루기 위해 끈질기게 노력하는 우리가 된다면 참 좋겠어요.

유영소

차례

나눔을 실천한 기업가 아니타 로딕

특별하고 특별하고 특별해라   12
손바닥만 한 구멍가게, 바디샵 1호점   19
모두에게 이익을 주는 기업   27
끊임없이 세상을 배워 나가다   36

나무들의 어머니 왕가리 마타이

개구리알을 사랑한 아이   53
하람베! 하람베!   63
경계를 넘어선 여자들의 풀뿌리 운동   72
초록 바다 아프리카를 꿈꾸며   79

어린이를 존중한 참교육자 마리아 몬테소리

당신은 내가 마음에 안 들었군요?	90
휘파람을 더 세게 불어 봐, 더 높이 올라갈 테니까!	92
몬테소리 교육법을 실천한 '어린이집'	101
나의 잘못들에 대하여	113
쉬라고? 왜, 무엇 때문에?	121
당신의 이야기를 쓰고 싶어졌어요	126

행동하는 지도자 그로 할렘 브룬틀란트

토론은 정말 재미있어 132
최연소 첫 번째 여자 수상 141
우리 공통의 미래를 지속 가능한 개발로! 148
몸도 마음도 아픈 사람이 없는 세상 154

마야의 딸 리고베르타 멘추 툼

일곱 살에 어른이 된 아이 164
에스파냐 어를 배우고야 말겠어! 174
슬프고 비참한, 그러나 한없이 용감한 184
아직도 끝나지 않은 이야기 190

열정의 천재 조각가 **카미유 클로델**

카미유를 기억하다 1 – 바위 제앵	204
카미유를 기억하다 2 – '13세의 폴 클로델'	209
카미유를 기억하다 3 – '사쿤탈라'	216
카미유를 기억하다 4 – '뜬소문'	223
카미유를 기억하다 5 – '운명'	229

ANITA RODDICK

나는 기업이란 강한 사람만이 살아남는 정글이라고 생각하는
낡은 사고방식이 얼른 바뀌기를 바랍니다.
기업은 책임 있는 사람만이 이끌어 갈 수 있는 공동체입니다.
기업의 가치관이 이야기되고
기업의 마음이 올바른 곳에 가 있다면
틀림없이 우리 모두를 위한 이익을 낼 것입니다.

나눔을 실천한 기업가 **아니타 로딕**
(1942~2007)

영국의 세계적인 화장품 회사 '바디샵'의 창업자.
기업을 통한 공익 추구와 소비자 사회 운동을 통해 새로운 기업 윤리를 제시하였다.
인권과 반전, 환경 분야에서 활발한 사회 운동을 벌였다.

특별하고 특별하고 특별해라

"어서 오세요!"

"아니타! 4번 테이블에 주문 좀 받아 오렴!"

"엄마! 생선구이랑 아이스크림 소다 둘이오."

"오케이!"

 오후 일곱 시, 다른 가게 같으면 벌써 두 시간 전에 문을 닫았을 시간! 그러나 아니타네 카페에서는 어림도 없는 일이었다. 덕분에 식사 시간을 놓친 사람들이나 늦게 약속을 한 마을 사람들은 모두 아니타네 가게로 몰려들었다.

 이탈리아에서 이민 온 부부와 그의 아이들 넷이 꾸려 가는 이 특별한 카페는 영국 남부 해안에 있는 리틀햄프턴 마을에서 가장 부지런한 가게로 소문이 났다. 새벽 다섯 시면 어김없이 문을 열고 장사를 시작하는 이 가게는 문 닫는 시간만큼은 매일 달랐다. 그날 마지막 손님이 나가야 비로소 바닥 청소가 시작되었으니까.

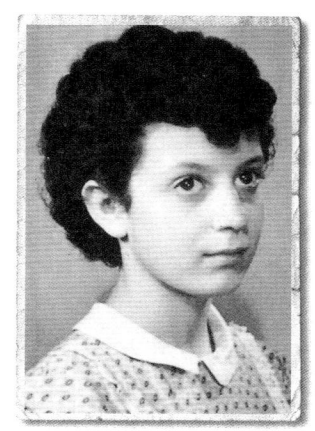

열 살 때의 아니타.

불만이 있을 법도 한데, 아홉 살 소녀 아니타는 외려 카페에서 일하는 것을 아주 좋아했다. 유니폼을 입고 흥겨운 음악에 발걸음을 맞춰 가며 음식을 나르다 보면, 마치 어른이 된 것 같은 기분에 절로 신이 났다. 무엇보다 아니타는 카페 손님들이 좋았다. 그들은 모두 이야기를 나누고 있었고, 자꾸만 귀를 쫑긋거리게 만드는 재미난 사연도 많았다.

'어머, 찰스 오빠가 주디 언니를 좋아하나 봐!'

이따금씩 아니타는 카페 손님들의 사랑을 이어 주는 심부름꾼이 되기도 했다. 쟁반 밑에 슬쩍 넣어 주는 쪽지 전하기! 귀여운 이탈리아 소녀의 쪽지 심부름은 달콤한 연인을 탄생시킬 확률이 높았다. 언제나 즐겁고 따뜻한 카페, 아니타는 바로 거기 속해 있는 자신이 자랑스러웠다.

확실히 아니타는 장사에 소질이 있었다. 물건을 파는 것보다 그 분위기를 더 즐겼던 점이 첫 번째 낌새라면, 부모님에게서 어깨 너머로 배운 흥정의 수완을 너무도 자연스럽게 발휘하는 모습은 그 두

번째 낌새였다. 초등학생 아니타는 종종 친구들과 물물 교환을 했다. 아버지가 미국에 다녀오실 때마다 잔뜩 사다 준 만화책과 풍선껌으로 쏠쏠한 재미를 본 것이다.

"로지! 네 그림 카드 세트를 주면 '캡틴 마블'을 줄게."

"정말? 그럼 바나나맛 풍선껌은 어때? 아니면 내 영화 앨범 몇 장이랑 바꾸지 않을래?"

"글쎄, 내가 좋아하는 배우가 아니라서……."

"아니타! 난 '배트맨'이 더 좋은데. 그건 없어?"

"토니! '배트맨'은 다음 주에나 와. 그때까지 기다려. 대신 너한테 제일 먼저 얘기할게."

사실, '배트맨'은 벌써 집에 여러 권 쌓여 있었다. 그런데도 아니타는 일주일 단위로 조금씩 물건이 오는 것처럼 꾸며 말했다. 이것은 부모님에게서 배운 '공급의 과잉'을 막는 일이었다. 물건을 한꺼번에 시장에 너무 많이 내놓으면 그 가치가 떨어지니 미리 조심하고 조절할 것!

확실히 아니타는 부모님의 영향을 아주 많이 받으며 자랐다. 특히 엄마는 최고의 선생님이었다. 아니타가 열 살 되던 해에 아버지가 돌아가시자, 엄마는 더욱 가게 일에 매달려야 했다. 힘들고 막막한 시기였음에도, 엄마는 아주 신나고 즐겁게 일했다.

"당장 먹고살아야 할 돈을 벌어들여야 한다는 생각만 하면, 가게 일이 어떻게 마냥 좋기만 하겠니? 나는 그에 앞서는 자부심이 있었어. 내 가게는 온전히 나만의 것이라 더 특별하다는 생각 말이야. 내가 만든 음식, 내가 만든 분위기, 내가 연출한 개성을 파는 나만의 공간! 그러니 여기서 일하는 하루하루가 어떻게 소중하지 않을 수 있겠니?"

엄마가 만든 엄마의 소중한 일터! 아니타와 형제들은 바로 거기서 성장했고, 그 마음가짐도 함께 배우며 자랐다. 그것은 어머니에게 물려받은 가장 귀한 유산이었다.

엄마는 나의 우상이에요. 아주 어렸을 때부터 지금까지 계속이오. 우리 엄마가 그랬어요. 나 자신이 특별하다면 내 인생도, 사랑도, 일도 역시 특별하다고요. 그리고 또 하나! 모든 일은 부엌에서 시작된다고 하셨죠. 어떤 음식을 어떻게 먹고 쓰는지가 인생의 많은 것을 결정한다고요. 그래서 부엌에는 항상 이야기가 있는 법이죠. 우리 엄마는 촛불에 접시를 그을려 그 그을음으로 눈썹을 그리셨다니까요. 정말 기발하고 멋진 화장품이지 않아요?

— 영화 '아니타 로딕-바디샵 아줌마', 아니타 로딕과의 인터뷰에서

아니타가 사범 대학에 입학하고 기숙사에서 지내는 동안, 엄마는 아끼던 카페 문을 닫았다. 그리고 평생 꿈꿔 오던 클럽을 열고 여주인이 되었다. 방학을 맞아 집으로 돌아온 아니타는 동네 한복판 정육점 건물 2층에 새로 문을 연 엄마의 클럽을 찾아갔다. 은색 반짝이 드레스를 입고 끈끈한 음악을 배경 삼아 앉아 있는 엄마의 모습이 얼마나 멋져 보이던지, 아니타는 엄마를 보자마자 냅다 소리를 질렀다.

"우아! 엄마 최고예요."

일에 지쳐서 힘겹게 늙어 가는 엄마가 아니라는 점에서, 그리고 무엇보다 자식들에게 늘 새로운 자극을 주는 엄마라는 점에서 아니타의 엄마는 아주 특별했다.

아니타도 그런 엄마를 본받아 무슨 일을 하든 자신만의 특별한 것이 되도록 노력했다. 선생님이 되어 학생들에게 역사를 가르칠 때도 평범하고 지루한 수업은 있을 수 없었다. 중세 역사를 가르칠 때는 교회 음악인 그레고리안 성가를 함께 들려주었고, 제1차 세계 대전에 관해서는 전쟁 시를 읽으며 시작하는 특별한 수업을 준비했다.

어머니와 함께한 아니타.

엄마에게서 물려받은 열정은 아니타를 끊임없이 움직이게 만들었다. 어디선가 자신을 기다리고 있을 모험과 재미난 이야기에 이끌릴 때마다 아니타는 망설이지 않고 여행을 떠났다. 대학 시절에는 이스라엘에 가서 '키부츠'라고 불리는 집단 농장에서 일했고, 히피들과 함께 떠돌기도 했다. 대학을 졸업한 뒤에도 여기저기를 돌아다니며 신나게 놀고 열심히 일했다. 프랑스 파리로 건너가 신문 도서관에서 일하기도 했고, 스위스에 본부를 둔 국제 노동 기구에서 일하기도 했다.

아니타의 여행은 점점 멀어졌고, 점점 길어졌다. 타히티와 오스트레일리아와 남아프리카까지 돌아다니면서 보고 싶은 것, 듣고 싶은 것, 하고 싶은 것들을 모두 경험했다. 아니타에게 여행은 늘 새로워

지려는 자신을 북돋워 주는 훌륭한 선생님이었다.

그런데 정작 운명의 남자는 고향 마을 엄마의 클럽에서 아니타를 기다리고 있었다. 오랜 여행을 마치고 돌아온 아니타는 클럽에서 만난 고든 로딕에게 첫눈에 반했다. 동화 작가를 꿈꾸던 농부 고든 역시, 야무지고 생기가 넘치는 아니타의 매력에 푹 빠지고 말았다.

조용하고 내성적인 고든과 활동적인 아니타는 정말 잘 어울렸다. 성격은 달랐지만, 늘 뭔가를 꿈꾸고 바쁘게 움직이며 살아가려는 삶의 가치가 둘을 단단히 이어 주었다. 두 사람이 결혼식을 올린 것은 맏딸 저스틴이 두 살 되던 해였고, 이듬해 둘째딸 사만사가 태어났다.

손바닥만 한 구멍가게, 바디샵 1호점

고든은 공사장 인부로, 아니타는 선생님으로 일했지만 둘은 무언가 부족하다고 느꼈다. 그래서 하던 일을 그만두고 식당이 딸린 작은 호텔을 사서 부부가 직접 경영해 보기로 했다. 처음에는 제법 장사가 잘되었다. 그러나 성수기이던 여름이 지나자 손님이 뚝 끊겼고, 아무리 열심히 일을 해도 수입은 늘지 않았다.

고민 끝에 아니타 부부는 호텔의 일부를 식당으로 바꾸고, 이탈리아 건강 식단을 주 메뉴로 내세웠다. 그러나 이번에도 생각대로 되지 않았다. 아니타 부부는 손님 하나 없는 빈 식당을 3주 동안이나 지켜야 했다.

'도대체 무엇이 문제일까?'

골똘히 다시 생각한 아니타 부부는 근처 호텔이나 식당들과의 고만고만한 경쟁에서 훌쩍 벗어나 보기로 했다. 여느 곳과는 다르게 아주 시끄러운 록 음악을 틀고 미국식 햄버거를 팔아 보기로 한 것이다. 이번에는 확실히 효과가 있었다. 마을의 젊은이들이 아니타 부부의 가게로 몰려들더니, 입소문을 타고 손님이 자꾸 늘었다. 자연스럽게 호텔에도 늦은 밤까지 사람이 들었다.

틀렸다면 재빨리 그 생각을 버릴 것! 그리고 차별화된 새 아이디어를 찾아낼 것!

아니타 부부의 전략은 딱 들어맞았다. 3년 동안 아니타 부부는 쉬지 않고 일했고, 호텔은 탄탄히 운영되었다.

"아니타! 나는 좀 지친 것 같아. 그래서 요즘엔 더 늦기 전에 소원을 이루고 싶단 생각이 들어. 내 소원 알고 있지? 아주 오래전부터 꿈꿔 온 것 말이야."

"부에노스아이레스에서 뉴욕까지 말을 타고 아메리카 대륙을 여행해 보고 싶다던 그 소원 말이죠? 그럼요, 고든! 잘 알고 있죠."

아니타는 지친 남편의 소원을 들어주기 위해 기꺼이 호텔을 팔았다. 사실 호텔 일은 그다지 나쁘지 않았고 돈도 꽤 벌게 해 주었지만, 이들 부부에게 어떤 기대감을 주는 사업은 못 되었다. 남편이 여행에서 돌아오면 새 살길을 찾아보기로 하고, 아니타는 잠깐 쉬어 가기로 마음먹었다. 남편이 없는 동안 작은 가게라도 하나 내서 일해 볼 생각이었다.

'엄마처럼 나도 내 가게를 내고 싶어. 나만의 시간과 공간, 그 특별한 주인이 되는 거야! 성공을 한다면 그건 내가 즐겁고 자유로워지기 위해 노력했고, 또 그것을 이루었다는 뜻이지.'

아무리 쉬어 가기로 했다지만, 만만한 일은 아니타에게 어울리지 않았다. 아니타는 오래전부터 어렴풋이 생각해 오던 화장품 가게를 떠올렸다. 얼굴과 몸을 아름답게 가꿔 주는 화장품은 여자라면 누구나 관심을 갖게 마련이다. 아니타는 타히티를 여행할 때 만났던 원주민 여자들이 뜨거운 태양 아래서도 보드랍고 매끈한 피부를 가졌던 것을 기억해 냈다. 비밀은 카카오 씨앗에서 뽑아낸 기름에 있었다.

타히티 여자들의 카카오 기름 화장품이나 엄마가 부엌에서 만들어 쓰던 화장품처럼 자연 성분의 화장품을 만들어 팔면 성공할 수 있을 것 같았다. 공장에서 만들어 내는 학학 물질 덩어리인 화장품과는 다른, 아주 특별한 상품이니까!

환경 문제에 관심이 많은 아니타에게 이것은 딱 좋은 사업이었다. 실제로 아니타는 친구들에게 자기가 직접 만든 화장품을 종종 선물하곤 했는데, 반응이 아주 좋았던 터라 어느 정도 자신감도 있었다. 여러 종류의 나무와 꽃, 풀, 열매, 허브 등을 재료로 자연 성분의 화장품을 만드는 일은 정말 신나는 일이었다. 엄마에게 보고 배운 것은 물론이고, 그동안 여행을 다니며 꼼꼼히 메모해 둔 세계 여러 나라 여성들의 독특한 미용 비법까지, 아니타는 자신이 알고 있는 방법을 모두 동원해서 즐겁게 화장품을 만들 계획이었다.

그러나 막상 남편의 여행 경비와 세 모녀의 생활비를 빼고 나니, 돈이 얼마 남지 않았다. 은행에서 겨우 대출을 받기는 했지만, 가게를 내기에는 여전히 빠듯했다.

"괜찮아요! 최대한 돈을 아껴서 시작하면 돼요. 용기도 재사용하고 재활용할 거예요. 크기가 서로 다른 병에 담아 필요한 만큼 사 갈 수 있게 하고요. 쓸데없이 크고 포장만 화려해서 비싸기만 한 화장품과 다르다는 것을 확실하게 보여 주는 거예요."

걱정하는 남편과 친구들에게 자신 있게 말했지만, 아니타도 솔직히 좀 불안했다. 그러나 벌써 일은 벌린 터! 이제 자신의 아이디어가 통할 때까지 계속 전략을 짜 가며 가게를 운영하는 일만 남았다.

남편이 여행을 떠난 뒤, 아니타는 우선 가게부터 얻었다. 가진 돈에 맞추려니, 커다란 장의사 가게가 두 곳이나 나란히 들어서 있는 브라이튼의 손바닥만 한 가게밖에 없었다. 가게 벽에는 습기가 차서 초록 곰팡이가 잔뜩 피어 있었고, 문짝마저 삐걱거렸다. 아니타는 절로 한숨이 나왔지만 일부러 더 큰소리를 쳤다.

"후유! 정말 굉장하군. 하지만 바로 여기서 마법 같은 일이 일어날 거야!"

아니타는 당장 소매를 걷어붙였다. 깔끔하게 입구를 손보고, 진한 녹색으로 가게 전체를 칠해 곰팡이를 가렸다. 그런 다음, 부엌에서 직접 만든 카카오 기름 크림과 자작나무 껍질 샴푸 등을 크기가 서로 다른 병에 담아 예쁘게 진열해 놓았다. 아니타가 직접 만든 20여 종의 화장품이 진열된 상품의 전부였다.

"아니타! 이 크림 병 아주 근사하다. 어디서 맞춰 온 거니? 샴푸 병도 정말 예뻐! 너희 가게 로고까지 넣으니까 아주 독특한걸. 이

걸 다 쓰고 가져오면 다시 이 용기에 화장품을 덜어 준단 말이지? 그만큼 값도 싸게 받고?"

"화장품 향기도 아주 좋아! 뭐랄까, 먹어도 될 것처럼 맛있는 냄새야."

일을 도와주러 온 친구들이 아니타에게 물을 때마다 아니타는 속으로 깔깔거렸다. 사실 그 용기들은 병원에서 환자들에게 소변을 받아 오게 할 때 사용하는 플라스틱 병으로, 아주 싼값으로 구해 온 것이었다. 상품 가치를 높이는 독특하고 예쁜 디자인은 아니타의 빛나는 아이디어였다.

큰돈이 들어가는 광고나 홍보는 생각조차 할 수 없었던 아니타는 화장품의 맛있는 향기도 아이디어로 이용했다. 가게에서 파는 딸기 향수를 길거리에 몇 방울씩 뿌려 둔 것이다. 맛난 딸기 향을 따라오는 발걸음을 가게로 모으고 싶은 마음을 담아…….

할머니들의 미용 비법에 관한 책에서 주방용 미용 제품에 관한 책에 이르기까지, 나는 빠짐없이 읽고 모두 시험해 보았다. 내가 만든 자연 성분의 화장품은 부엌에서 태어난 건강하고 아름다운 이야기라고 할 수 있다. 그러나 무엇보다도 첫 번째 가게의 모든 성공 요인은 내게 돈이 없었다는 사실이다. 무엇이든 재활용하고 재사용하고 리필하는 것으로 가게를 꾸려 가지 않으면 안 되었다. 그것은 어쩔 수 없는 일이었지만, 우리 가게 화장품을 다른 회사의 제품과 분명히 구분하는 차이점이자 상징이 되었다.

— 아니타 로딕의 자서전, 〈영적인 비즈니스〉 중에서

아니타는 가게 이름을 '바디샵'이라고 지었다. 그런데 바로 이 이름 때문에 가게 문을 열기도 전에 큰 위기에 부닥치고 말았다. 옆에 있는 장의사 가게들이 바디샵이라는 상흐를 사용한다면 경찰에 고소하겠다는 편지를 보내 온 것이다. '바디샵(The Body Shop, 몸 가게)'은 미국에서 자동차의 차체를 만드는 공장을 일컫는 말인데, 여기서 힌트를 얻어 우리 몸의 차체인 피부를 건강하게 돌본다는 뜻으로 지은 이름이었다. 아니타는 이 특별하고도 재미난 이름을 포기하기 싫었다.

"장의사들은 죽은 사람의 몸을 다루는 일을 하니까, 우리 가게의 이름이 자기네 가게에 지장을 준다고 생각하나 봐."

"고소를 당하기 전에 빨리 이름을 바꾸는 게 좋겠어, 아니타!"

여러 친구들이 조언을 했지만, 아니타는 침착하게 위기를 기회로 바꿔 놓았다. 아니타는 지역 신문사에 각각 두 통의 전화를 걸어 이렇게 말했던 것이다.

"바디샵이라니요? 정말 끔찍한 이름이지 않아요? 무슨 이상한 속옷이나 팔고 낯뜨거운 성인 용품 같은 걸 파는 가게 아닐까요? 이런 가게가 우리 지역에 생기는 건 절대 반대라고요!"

"저는 남편이 해외에 나가 있는 동안 혼자서 생계를 꾸려야 하는 두 아이의 엄마예요. 어렵게 조그만 화장품 가게라도 내 보려는데, 옆에 있는 덩치 큰 장의사들이 가게 이름을 문제 삼으며 고소를 하겠다는 거예요. 큰 가게가 작은 가게를 이렇게 함부로 위협해도 되는 건지, 정말 어떻게 해야 할지 모르겠어요. 흑흑!"

물론, 신문사는 아니타의 목소리를 구분하지 못했다. 다음 날 신문에 실린 아니타네 가게는 문도 열기 전에 이름이 널리 알려져 저절로 광고가 되었고, 장의사들은 더 이상 고소 이야기를 꺼내지 못했다.

1976년 3월, 아니타 로딕의 바디샵은 마침내 문을 열었다. 아니타의 나이 서른네 살 때의 일이었다.

모두에게 이익을 주는 기업

아니타가 말했던 대로, 마법 같은 일이 일어나기 시작했다. 천연 화장품을 기다렸던 여자들은 생각보다 아주 많았다. 문을 연 첫날부터 바디샵으로 사람들이 몰려들었다. 그 이튿날은 첫날보다 사람이 더 많았고, 그 다음 날은 그보다 훨씬 많았다. 정말이지 너무너무 장사가 잘되었다. 6개월 만에 바로 2호점을 낼 정도로!

아니타만의 특별한 화장품은 사람들에게 큰 호응을 불러일으켰다. 운도 따랐지만, 시기가 좋았고 생각도 딱 들어맞았다. 때마침 유럽에서는 자연 제품과 자연 치료에 대한 관심이 싹트고 있었기 때문에 아니타가 만든 자연 성분의 화장품은 큰 주목을 받았다. 무엇보다 기존의 화장품 업계와 정면으로 대립하는 아름다움의 가치들은 바디샵의 성장에 더욱 불을 댕겼다. 감추고 덮는 인위적인 아름다움이 아니라 자연스럽고 건강하게 보여지는 아름다움을 강조한 바디샵은, 특별한 자신을 있는 그대로 사랑하라고 충고한 최초의 화장품이었다.

사실, 남편이 여행에서 돌아오면 오스트레일리아로 이민 가서 파인애플 농장이나 할까 생각하고 있었어요. 그때까지는 가게가 망하지 않

루비! 바비를 모욕하다

1998년에 처음 나온 풍만한 몸매의 인형 루비는 바디샵 광고의 마스코트였다. 루비는 조금 장난스러웠지만, 아름다움에 대한 아니타의 생각을 그대로 담고 있었다. 아름다움이란 허벅지 둘레에 있는 것이 아니라 자신감에 있다는 것! 나 스스로를 존중하는 마음이 외모로 전해지는 일이야말로 최고의 아름다움이라는 것!

루비가 일으킨 반응은 엄청났다. 우선 미국의 장난감 회사인 마텔이 고소하겠다고 위협했다. 루비가 그들이 만든 인형 바비의 이미지를 손상시킨다나 뭐라나! 홍콩의 한 철도 회사에서는 루비가 승객들을 짜증나게 만든다며 포스터를 금지했다. 하지만 그런 식으로 따지고 든다면, 바비를 닮아서 승객들을 짜증나게 하지 않는 여성은 실제로 슈퍼 모델 몇몇을 제외하고 거의 없을걸. 아름다움은 자신의 몸을 사랑하는 모든 사람들의 것이다.

고 잘 버텨 줘야 하는데 하고 바랐고요. 그런데 정말 놀라웠어요. 우리 제품을 찾는 소비자가 무척 많았던 거예요. 사람들은 '주름을 없애 준다'거나 '젊음을 지켜 준다'는 거짓말로 비싼 유혹을 하는 미용 산업에 확실히 신물이 나 있었던 거죠. 저는 바로 그걸 알았어요. 우리 회사가 팔아야 할 것은 순수한 자연 성분으로 만들어진 천연 화장품이자, 동시에 아름답게 나이를 먹어 가는 스스로를 사랑하는 '자아 존중감'이라는 것을요.

― 영화 '아니타 로딕-바디샵 아줌마' 중 아니타 로딕과의 인터뷰에서

바디샵은 소비자들이 원하는 공급의 양을 맞추기 위해 전체적인 규모를 늘려야 했다. 좀더 효율적으로 제품을 만들어 낼 공장과 물건들을 운송할 차량은 물론이고, 인력, 창고, 영업점 역시 그 규모가 더 커져야 했다.

고민 끝에 아니타는 경제적인 후원자를 찾거나 은행에서 돈을 빌리는 대신, 프랜차이즈 시스템을 선택했다. 프랜차이즈 시스템이란 제품을 만들거나 판매하는 업체가 가맹 본부가 되고, 독립 소매점이 가맹점이 되어 서로 협력하는 사업 형태를 말한다. 최소의 자본으로 전국 및 국제적인 사업 확장이 가능하다는 점에서, 프랜차이즈 시스템을 선택한 것은 아주 현명한 생각이었다.

영국은 물론이고 다른 나라에서도 가게를 열겠다며 여기저기서

전화가 걸려 왔다. 진녹색의 바디샵 점포가 세계 곳곳에 쏙쏙 생겨났고, 곰팡이를 가리기 위해 칠한 녹색은 이제 바디샵의 상징이 되었다.

가게를 처음 열었을 때, 아니타의 목표는 주당 300파운드(약 55만 원) 정도의 수입이었다. 그런데 가게 문을 연 지 5년 만에 연간 82만 8천 파운드(약 15억 원)라는 어마어마한 돈이 아니타에게 들어왔다. 아니타가 마흔두 살이 되던 1984년, 마침내 바디샵은 주식 시장에서 주식을 거래하는 기업으로 불쑥 커 버렸다. 이후 바디샵은 1990년대 중반까지 매년 평균 약 50퍼센트씩 매출과 이익을 늘려 나갔고, 지금은 세계 57개국에서 2300여 개의 매장을 운영하는 세계적인 기업으로 성장했다.

비좁은 부엌에서 손수 화장품을 만들어 재활용 용기에 담아 가게로 내오던 아줌마 아니타 로딕은 백만장자가 되었다. 확실히 아니타는 이제 성공한 기업가였다. 그러나 아니타는 푹신한 의자에 앉아 손톱을 다듬거나 여름 휴가를 보낼 근사한 휴양지를 알아보는 일에는 여간해서 관심이 가지 않았다.

'이렇게나 부자가 된 내가 원하는 건 뭘까? 부자가 되기 전부터, 그리고 부자가 된 이후에도 변하지 않은 내가 정말 원하는 것! 그래, 그건 바로 모두가 행복해지는 거야. 하루에 1파운드(약 1800원)도 안 되는 돈으로 겨우겨우 먹고사는 세계 인구가 30억이 넘

사이잘삼나무에서 실을 뽑고 있는 멕시코의 난후 원주민.

가나의 시장에서 직접 거래를 하고 있는 아니타.

는데, 세상의 많은 돈은 거의 부자들에게만 몰려 있지. 전 세계 인구의 5분의 1이 아직 제대로 먹지도 못하는데, 사람들은 어째서 이런 일에 화를 내지 않는 걸까?'

아니타는 기업을 통해 보다 많은 사람들의 이익을 추구하고 실현하는 사람이 되고 싶었다. 함께 바디샵을 키워 온 남편 고든은 이런 아니타의 생각을 누구보다 열심히 응원해 주었다.

"제 배만 불리는 기업이라면 정말 재미 없지. 큰 기업일수록 더욱 큰 책임감을 갖고 모두가 함께 잘살 수 있는 방법을 찾아야 한다는 당신 말이 맞아. 아니타! 우리 회사가 무엇부터 시작하면 좋을까?"

"커뮤니티 트레이드! 경제적으로 어려운 나라에서 나는 원료를 우리 회사가 소화해 주는 거예요. 원주민들을 찾아가서 그들과 직접 거래하고, 자신들의 경제를 스스로 발전시킬 수 있는 기회를 주는 거죠. 우리는 신선하고 품질 좋은 천연 원료를 얻으니 좋고, 그들은 우리와 거래를 해서 경제 활동을 할 수 있으니 좋고. 어때요, 고든? 정말 좋은 아이디어 아닌가요?"

고든 역시 넉넉한 나라가 가난한 나라를 돈과 물건으로 도와주는 원조는 언제나 한계가 있다고 생각했다. '원조가 아닌 거래'를 통해 스스로 설 수 있는 기회를 주는 것이 그들에게도 훨씬 나은 방법일 수 있다!

아니타와 고든은 부지런히 커뮤니티 트레이드의 상대를 찾았다. 그리고 마침내 찾아낸 곳이 인도 남부 타밀나두 지방에 있는 '보이즈 타운'이라는 고아원이었다. 바로 이곳에서 바디샵의 첫 번째 커뮤니티 트레이드가 시작되었다.

아니타는 1986년, 인도로 날아가 보이즈 타운 고아원의 소년들을 만났다.

"나는 이곳에서 자라는 나무에 관심이 많답니다. 나무를 깎아서 발 마사지를 할 수 있는 작은 도구를 만들려고 하거든요. 천연 제품이라 피부에 더 좋은 마사지 효과를 내는 도구요. 그런데 나무를 깎아 내는 게 문제예요. 발에 알맞은 자극을 줄 수 있도록 잘 깎아야 하니까요."

"그렇다면 잘 찾아오신 거예요. 우리 아이들은 나무도 잘 다루고, 아주 성실하거든요. 충분히 연습만 하면 원하는 모양대로 깎인 제품을 얻을 수 있을 거예요."

"이 자리에서 아이들의 솜씨를 한번 볼 수 있을까요?"

"물론이죠!"

까무잡잡한 소년들의 손이 마술사처럼 빠르고 부드럽게 움직이기 시작했다. 이리 빙글 저리 빙글 돌려 가며 깎아 낸 나무 부스러기를 탁탁 털어 내고, 다시 부드럽게 다듬으며 이리 빙글 저리 빙글……. 아무 형태도 없던 나무토막이 금세 동글동글하고 매끄러운 마사지 도구로 변신했다.

"계약합시다! 우리 바디샵과 보이즈 타운이 공정한 계약을 하는 거예요."

'푸시 롤러'라는 발 마사지 도구를 만들어 내기 위한 계약은 이렇게 맺어졌다. 능숙한 인도 소년들의 손길로 매끈하게 깎여 나온 푸시 롤러는 전 세계 바디샵 매장에 등장하자마자 인기 상품이 되어 많은 매출을 올렸다. 그러나 그보다 더 좋았던 것은 이 푸시 롤러를 만들어 벌어들인 돈으로 보이즈 타운 소년들이 자립할 수 있었고, 몬테소리 학교까지 설립할 수 있었다는 사실이다.

아니타가 직접 달려가 서로 존중하며 믿음으로 약속한 커뮤니티 트레이드는 점점 큰 규모로 이루어졌고, 그 성과 역시 두드러지게

나타났다. 네팔과의 재활용 종이 교역은 네팔의 에이즈 교육 기관과 여학생들을 위한 장학 재단이 설립되는 데 밑바탕이 되었고, 사이잘 삼나무에서 실을 뽑아 때밀이 수건인 사이잘 클렌저를 만드는 멕시코의 난후 원주민 여성들은 그들만의 자립 마을을 세웠다. 헤어 컨디셔너에 쓰이는 브라질 넛 오일을 생산하는 아마존 일대의 카야포 인디언들은 그들이 낸 수익으로 학교와 진료소를 세웠고, 핸드크림과 보디로션의 원료인 셰어버터를 공급하는 가나의 타말레 원주민들은 교역의 이익금으로 약 5천여 명의 사람들에게 새 집을 지어 주었다.

우리는 바디샵에 기름의 원료인 참깨씨를 판 돈으로 농사지을 땅을 살 수 있었습니다. 이로써 우리는 의식주를 해결할 뿐만 아니라 안정적인 생활 기반을 얻게 되었습니다. 제 둘째아이는 아쿠아파에 있는 학교에 다닐 수 있게 되었고, 우리는 마을에 조그만 가게도 열었답니다.
 - 니카라과 '후안 프란시스코 파즈 실바 협동 조합' 농부와의 인터뷰에서

물론 그 과정에서 실수나 어려움도 많았다. 아니타의 의도를 의심하고 적대시하는 사람도 있었고, 판매에 대한 기대치를 너무 높이 잡았다가 서로에게 실망을 주기도 했다. 일을 맡기로 한 원주민이 하룻밤 사이에 사라져 버린 적도 있었다. 그럴 때마다 속은 상했지만, 아니타는 결코 포기하지 않았다. 외려 이런 말로 스스로에게 용기를 북돋우곤 했다.

'지금 당장은 아닐지라도 우리 사업은 결국 사회와 환경을 변화시키는 데 도움이 될 거야. 틀림없어! 더 기다리고, 더 힘을 쏟자!'

끊임없이 세상을 배워 나가다

아니타는 소비자들에게 화장품을 파는 동시에 바른 생각과 메시지를 전한다면, 그것이 결국 사회를 변화시킬 수 있을 거라고 확신했다. 바디샵 매장을 통한 캠페인은 그렇게 시작되었다. 실제로 아니타가 이끌던 바디샵은 세계 곳곳에서 문제가 생길 때마다 캠페인을 통한 시민 운동을 펼쳤다.

1986년, 국제적인 환경 단체 그린피스와 함께 시작했던 '고래 살리기' 캠페인은 전 세계 바디샵 매장에서 벌인 첫 번째 시민 운동이었다. '동물 실험 반대' 캠페인 역시 꾸준한 호응을 얻어 1996년에는 4백만 명 이상의 서명을 받아 냈다. 이 서명을 바탕으로 바디샵은 유럽 연합에 탄원서를 냈고, 그 결과 영국을 비롯한 유럽 여러 나라에서 동물 실험을 금지시켰다. 1990년에는 인권 단체와 환경 보호 단체를 후원하는 바디샵 재단을 세웠고, 이후 6년 동안 세계 180개 단체에 350만 파운드(약 63억 원) 이상을 기부했다.

아니타의 신념은 갈수록 확고해졌지만, 아니타가 모두에게 인정받았던 것은 아니었다. 회사 직원들과 아주 솔직한 마음까지 나누고 싶어서 아니타가 직접 제안한 화장실 낙서판에는 종종 아니타를 비난하는 글들도 눈에 띄었다.

'완전히 미쳤군!'

'어젯밤 뉴스에 아니타가 나와서 말도 안 되는 소리만 늘어놓는 거 봤어?'

'아니타는 너무 정치적이야! 여긴 회사라고!'

동물 실험 절대 반대

향기롭고 상쾌한 거품 목욕은 즐거운 일! 그러나 인간의 즐거움을 위해 살아 있는 동물을 고통 속에서 죽게 해도 좋을까? 아니타는 바디샵을 처음 시작할 때부터 토끼의 눈에 실험 물질을 집어넣고 돼지나 쥐의 피부에 염증을 일으키게 하는 동물 실험에 반대했다. 그래서 동물 실험이 필요 없는 식물성 원료 개발에 힘썼고, 구매 과정에서도 동물 실험 반대를 지키며 동물 보호 기준에 맞는 판매자들에게서만 원료를 사들였다. 또, 바디샵의 모든 제품에 동물 실험 반대를 뜻하는 'AAT(Against Animal Testing)'라벨을 붙여 동물 보호 운동에 앞장서 왔다.

'회사가 무슨 히틀러 친위대 수용소인 줄 알아?'

1991년 걸프전에 반대하는 바디샵 캠페인을 벌였을 때, 아니타는 '전쟁을 찬성하는 영국의 입장을 고려해야 한다'는 회사 이사회와 부딪쳤다. 1993년 나이지리아 독재 정권과 연합한 석유 회사 '셸'의 사업을 반대하는 국제적인 캠페인을 시작했을 때도, 회사 안팎으로 아니타를 걱정하는 소리가 높아졌다. 당시 아니타는 경영보다는

커뮤니티 트레이드나
재단을 통한 기부 활동,
여러 캠페인을 전개하는 일
에 더 힘을 쏟고 있었는데, 이런
아니타가 경영에 적합하지 않다고 생
각하는 사람은 꽤 많았다.
'내가 세운 회사가 나의 이념이나 생각들을
받아 주지 않다니……'

내 사람들이라 여겼던 이들의 외면에 아니타는 절망했다. 때맞춰 다른 화장품 회사에서도 천연 원료로 만든 화장품들을 대량으로 생산하면서 바디샵의 판매율이 떨어지기 시작했다. 더욱이 손님을 끌기 위해 캠페인을 벌이고, 커뮤니티 트레이드라는 허울 좋은 소리로 제3세계 원주민들을 착취한다며 아니타를 사기꾼으로 모는 텔레비전 프로그램이 방영되자 주식값도 점점 떨어졌다. 고발과 소송이 이어지면서 회사의 재정 상태까지 불안해졌다.

"고든! 나는 너무 슬프고 절망스러워요. 얼마나 벌어들이는가, 하는 것 말고는 기업의 가치를 잴 만한 잣대가 그렇게 없는 걸까요? 기업의 이윤에만 관심이 있는 사람들은 내가 우리 회사에서 벌어들인 돈으로 사회를 변화시키려는 시도를 비웃어요. 내가 벌이는 여러 캠페인들, 환경 단체를 돕는 기부금들, 독재 정권과 손잡는 자본에 반대하는 서명 운동 따위까지 문제 삼아 소송을 제기하죠."

"아니타! 우리의 시도는 매우 의미 있고 올바르지만 모든 걸 완벽하게 해낼 수는 없소."

"당신 말이 맞아요, 고든! 바디샵은 완벽하지 않아요. 그것이 부끄럽지 않은 것처럼, 나의 방법도 모두에게 칭찬받을 수는 없다는

독재 정권과 손잡는 기업들을 고발하자

바디샵은 1993년, 석유 회사 셸의 사업을 반대하는 국제적인 캠페인을 벌였다. 셸은 나이지리아의 독재 정권과 손잡고 니제르 델타 지역에서 살던 오고니 족을 잔인하게 몰아 낸 뒤 석유 탐사와 채취를 계속했다.

아니타 로딕은 회사 창고에 '오고니 족 투쟁 작전 본부'를 만들고 오고니 족에게 투쟁 자금 및 언론 활동을 지원하기 시작했다. 대대적인 매장 캠페인을 통해 소비자들과 손잡고 나이지리아 정부와 석유 회사 셸에 수십만 통이 넘는 항의 엽서와 편지, 팩스 등을 보냈고, 19명의 오고니 족 투사의 얼굴이 그려진 플래카드를 들고 셸의 회사 앞에서 시위를 했으며, 셸의 석유를 사지 말자는 불매 운동을 벌였다. 또, 희망의 메시지를 담은 편지를 전하거나 그들의 아이들을 입양하는 등 다양한 방법으로 오고니 족을 도왔다.

안타깝게도 오고니 족의 투쟁을 이끌던 지도자 켄사로위와는 사형을 당했지만, 여론에 밀린 셸은 마침내 개정된 경영 헌장을 내놓았다.

걸 알아요. 지금 당장은 아니지만, 우리 사업이 결국 사회와 환경을 변화시키는 데 도움을 주리라는 확신을 지켜 내기 위해서라도 나는 좀더 합리적인 경영을 하고 싶어요."

"아니타! 나는 당신이 정말 자랑스럽소."

언제나 아내를 지지하고 손잡아 주는 고든 곁에서 아니타는 새로운 결정을 내렸다.

1999년, 아니타는 바디샵의 이념을 존중하는 전문 경영인 패트릭을 회사 대표로 임명하고 조직 개편을 시작했다. 그동안 직접 상품을 만들던 제조업을 모두 정리하고, 영국, 유럽, 아메리카, 아시아 4개 지역에 경영 본부를 두어 각각의 시장에 더욱 집중할 수 있게 한 것이다. 상임 고문이 된 아니타는 실질적으로 경영에 참여하지는 않았지만, 자신과 의논하지 않고는 어떠한 신제품도 바디샵 매장에 나올 수 없도록 약속해 두었다.

"정말 유감이에요!"

"나는 사실 당신의 팬이었답니다. 하지만 이제 당신이 쉬는 것도 좋을 거라고 생각해요."

"어떠세요, 은퇴한 기분이?"

경영에서 물러난 아니타를 볼 때마다 사람들은 이렇게 물었다. 그러나 아니타에게 이 같은 결정은 겸손함을 배울 수 있는 기회였을 뿐 유감은 아니었다. 여전히 늘 해 오던 일을 즐겁고 힘차게 해 나가면서 아니타는 자신 있게 말했다.

"나는 지금도 끊임없이 세상을 배워 나가고 있는걸요!"

아니타는 회사로 출근하지는 않았지만, 거의 날마다 매장에 들러 종업원들과 이런저런 대화를 나누었다. 지방의 작은 바디샵 가게들이 중요한 사회적 메시지나 소식을 전하는 횃불 역할을 잘 해내고 있는지, 바디샵이 추구하는 다섯 가지 가치(동물 실험 반대, 커뮤니티 트레이드, 자아 존중, 인권 보호, 환경 보호)들이 잘 지켜지고 있는지 꼼꼼히 살폈다.

인권이나 환경에 관련된 캠페인을 구상하거나, 사회적 약자를 돕는 사회 운동 역시 아니타의 하루 일과 가운데 하나였다. 강의나 강연 요청도 많았는데, 아니타는 무엇보다 젊은이들과 대화하는 것을 좋아했다. 다국적 기업의 여러 면모를 알려 주고, 또 그들이 해낼 수 있는 여러 일들에 대해 토론할 수 있다는 점에서, 젊은이들과의 대화는 언제나 힘이 되었기 때문이다. 어린이 교육을 통해 사회 변화를 가져올 수 있다는 확신이 생긴 아니타는 그에 도움이 되는 책을 내고 싶어서 출판사도 하나 만들었다.

예순이 넘은 나이에도 한자리에 가만히 앉아 있는 것을 가장 못견뎌한 부지런한 아니타! 아니타는 자신을 이끌었던 것은 함께 해낼 수 있음을 보여 준 소비자들이라는 것을 아주 잘 알고 있었다. 가게를 내고 회사를 키우고 세계적인 기업가가 되는 일보다 더 중요한

것은, '내가 어떤 소비자가 될 수 있을까'라는 질문에 지혜로운 대답을 준비하는 일인 것이다. 그래서 아니타가 벌이는 소비자 운동에는 더욱 큰 의미가 담겨 있었다.

나는 사람들이 반드시 도덕적으로 가치 있는 쪽에 손을 들어 줄 거라고 믿습니다. 우리는 바로 그런 선택을 해야 한다는 운동도 벌였어요. 그 운동에 '밤새워 지키는 소비자주의'로 이름 붙이기까지 했지요. 사실 정부에 맞서는 일은 더 이상 의미가 없어요. 정부는 이미 거대해진 기업가들 손안에 있기 때문입니다. 소비자들만이 기업가들을 변화시킬 수 있습니다. 윤리적인 선택을 원하는 소비자들은 기업에게 '정직하고 투명한 과정을 통해 품질이 좋은 제품을 생산해 내라'고 요구해야 합니다. 바디샵이 매장을 통해 벌였던 여러 운동과 공동체 활동에 힘을 보태 준 대중들의 인식처럼요.

— 아니타 로딕, 영국 BBC 방송과의 인터뷰에서

바디샵을 불매 운동하다

2006년 로레알이 바디샵을 인수 합병했다는 소식이 전해지자, 영국의 동물 보호 단체들은 일제히 바디샵에 대한 불매 운동에 들어갔다. 로레알로부터 독립 경영을 보장받아 동물 실험 반대 등 바디샵의 다섯 가지 가치가 잘 지켜진다 하더라도, 그 수익의 일부가 로레알의 동물 실험에 얼마든지 쓰일 수 있기 때문이다.

그동안 로레알은 값비싼 화학 성분의 화장품을 소수의 여성들에게 판매하는 전략으로 성장해 왔다. 아니타는 오히려 로레알이 바디샵처럼 변해갈 거라고 긍정적인 기대를 했지만, 바디샵의 건강한 철학이 결국 로레알의 돈에 팔린 것이라는 주변의 비판이 거세다. 과연 아니타가 일생 동안 추구해 온 가치가 로레알에 흡수된 바디샵에서도 잘 지켜질 수 있을지, 아니타의 말 그대로 '밤새워 지키는 소비자주의'를 실천할 현명한 소비자의 몫으로 남겨졌다.

2007년 9월 10일, 갑작스러운 뉴스가 세계인들을 놀라게 했다. 간염으로 투병 중이던 아니타 로딕이 뇌출혈로 사망했다는 것이다. 생전의 약속대로, 바디샵을 통해 벌어들인 재산을 사회에 모두 기부한다는 소식과 함께였다.

기업을 통해 세상을 바꾸어 나갔던 아니타 로딕의 아름다운 경영을 기억하는 세계 곳곳의 수많은 사람들이 아니타의 죽음을 추모하며 안타까운 마음을 금하지 못했다.

"시간이 너무 짧았어요. 아니타에게는 아직도 하고 싶은 일이 많이 남았을 텐데요."

아니타 로딕의 생애

1942년		10월 23일, 영국 남부 서섹스 주 리틀햄프턴에서 태어남.
1952년	10세	아버지가 세상을 떠남.
1962년	20세	이스라엘에 가서 집단 농장인 키부츠를 체험한 뒤 혼자 이곳저곳을 돌아다님.
1963년	21세	대학 졸업 후, 고등학교 선생님으로 일하다 다시 여행을 떠남. 파리의 신문 도서관과 스위스에 본부를 둔 국제 노동 기구 '여성의 권리 옹호부'에서 일함.
1964년	22세	타히티, 오스트레일리아, 남아프리카를 여행하고 돌아옴. 고든 로딕을 만나 사랑에 빠짐.
1969년	27세	맏딸 저스틴이 태어남.
1970년	28세	고든 로딕과 결혼식을 올림.
1971년	29세	둘째 딸 사만사가 태어남. 작은 식당이 딸린 호텔을 경영함.
1974년	32세	호텔과 식당을 정리함. 남편이 여행을 떠난 동안 화장품 가게를 열기로 결정함.
1976년	34세	3월, 해안 도시 브라이튼에 조그만 화장품 가게 '바디샵'을 냄. 6개월 후, 2호점을 냄.
1978년	36세	벨기에 브뤼셀에 첫 가맹점을 열고 해외 영업을 시작함.
1980년	38세	화장품에 대한 동물 실험 반대 캠페인을 벌임.
1984년	42세	바디샵의 주식을 주식 시장에 상장함.

연도	나이	내용
1986년	44세	그린피스와 연합하여 '고래 살리기' 캠페인을 벌임. 첫 번째 커뮤니티 트레이드 제품인 푸시 롤러를 출시함. '올해의 여성 기업가'로 뽑힘.
1990년	48세	인권과 환경 보호 단체를 후원하는 바디샵 재단을 설립함.
1991년	49세	걸프전 반대 캠페인을 두고 바디샵의 이사회와 부딪침.
1993년	51세	석유 회사 셸이 나이지리아의 독재 정권과 손잡고 오고니 족을 착취하는 일을 반대하는 국제적 캠페인을 벌임. 멕시코와 오스트레일리아에서 환경 공로상을 받음.
1996년	54세	동물 실험 반대 캠페인이 성공을 거두며 4백만 명이 서명한 탄원서를 유럽 연합에 전달함.
1998년	56세	전 세계에서 박해받고 있는 인권 운동가들을 위해 국제 사면 위원회와 공동으로 'Make Your Mark' 캠페인을 벌여 3백만 고객의 서명을 받아 냄. 2년 전에 설립된 바디샵 코리아 런칭 기념으로 우리나라를 처음으로 방문함.
1999년	57세	경영 일선에서 물러남. 이후 바디샵의 고문 활동과 여성 및 인권, 환경에 관한 캠페인 활동에 전념함.
2003년	61세	영국 왕실에서 여성에게 주는 귀부인 작위(Dame Commander: 남자의 기사에 해당함)를 받음.
2006년	64세	3월, 우리나라를 두 번째로 방문함. 7월, 바디샵이 로레알 그룹에 합병되었지만, 독자적인 경영을 약속받음.
2007년	65세	9월 10일, 뇌출혈로 세상을 떠남. 생전의 유언대로 전 재산을 자선 단체에 기부함.

ANITA RODDICK

WANGARI MUTA MAATHAI

숲을 지키는 것은 우리의 생사가 걸린 문제이며,
제가 최근에 받은 상은 바로 이 일에 대한 지지일 것입니다.
우리가 풀뿌리 운동 차원에서 한 일을 세계가 인정한 것입니다.
바로 그런 이유로 우리는 매일 나무를 심습니다.
날마다, 날마다 말이에요.

나무들의 어머니
(1940~2011) 왕가리 마타이

케냐의 환경 운동가이자 정치 운동가. 동아프리카 최초의 여성 박사로, 대학에서 수의학을 가르치다가 환경 운동에 뛰어들어 나무를 심는 그린벨트 운동을 벌였다. 2004년, 노벨 평화상을 받았다.

2004년 12월 10일, 노르웨이 오슬로 시청 안 노벨 평화상 시상식장. 수많은 사람들이 숨을 죽인 채 기꺼이 박수 칠 준비를 하고 있다.

저 멀리, 아프리카 케냐에서 날아온 왕가리 마타이!

오렌지색 드레스에 까만 피부가 더욱 도드라져 보이는 왕가리가 마침내 등장하자, 우레와 같은 박수가 터져 나온다. 노벨상 위원회 올레 단볼트 위원장에게서 노벨상 증서를 받아 드는 순간, 왕가리 머리에 묶은 오렌지색 리본이 살짝 흔들린다. 증서와 메달을 내보이며 코를 한껏 찡그리고 활짝 웃는 왕가리의 얼굴이 눈부시다.

우레와 같은 박수는 또 한 번의 우레와 같은 박수와 합쳐져 더욱 크고 길어진다. 수상 소감을 발표하려는 왕가리의 가쁜 숨이 마이크

에 전달되자, 그제야 박수 소리가 잦아든다.

왕가리는 시상식장 안에 있는 사람들뿐만 아니라, 조국 케냐에서 함께 기뻐하고 있는 동포들, 평화와 희망이 필요한 세계 곳곳의 사람들, 그리고 우리가 함께 지켜 내야 할 지구에게 먼저 고개 숙여 인사를 전한다.

감사합니다.
오늘은 케냐, 특히 그린벨트 운동과 지구 녹화 운동 회원들의 잔칫

날입니다. 또한 지속 가능한 개발과 인권, 양성 평등과 평화라는 목표를 향해 나아가고 있는 전 세계 국가에게 용기를 주는 굉장한 날입니다. 이런 영예를 안겨 주신 데 대해 아프리카와 전 세계 여성들을 대신하여 깊이 감사드립니다.

평화와 환경이 무슨 관계가 있느냐고 묻는 사람들이 있습니다. 그 사람들에게 저는 이렇게 말합니다. 많은 전쟁이 자원에 대한 싸움이었다고 말입니다. 그리고 이 지구상에서 그 자원이 고갈되어 가고 있다고 말입니다. 따라서 지구 환경을 보호하는 일은 평화를 지키는 일과 직접적인 관련이 있는 것입니다. 제 생각과 행동이 무시되고 심지어 짓밟히는 오랜 투쟁의 세월 동안, 저는 중단하지 않고 끝까지 행동했습니다. 우리는 지쳐서도 안 되고, 포기해서도 안 됩니다.

나무를 심을 때 우리는 평화와 희망의 씨앗을 심습니다. 그것은 또한 우리 아이들의 미래를 보장해 주는 것이기도 합니다. 이 경사스러운 날, 저는 케냐를 비롯해 전 세계 모든 사람들에게 어디 있든지 나무 한 그루를 심는 것으로 축하해 달라고 부탁하고 싶습니다.

감사합니다.

− 왕가리 무타 마타이, 노벨 평화상 수상식 연설에서

개구리알을 사랑한 아이

"어때? 내 목걸이 정말 근사하지? 세상에서 제일 예쁜 진주 목걸이야."

젤리처럼 미끈거리는 개구리알 덩어리를 목에 얹으며 왕가리가 말했다. 선득한 감촉에 왕가리는 한껏 코를 찡그리며 웃었다. 그 모습을 보고 동생과 친구들이 깔깔거렸다.

수정처럼 맑은 물속에 몽글몽글 피어난 살아 있는 꽃, 까만 점점이 탱글탱글 귀여운 보석들! 왕가리는 개구리알들이 너무 예뻐 물을 길러 올 때마다 꼭 찾아서 갖고 놀곤 했다. 그러나 오래 놀 수는 없다. 아쉽지만 얼른 물을 긷고 땔감을 주워 집으로 가야 한다.

큰언니 왕가리가 물동이에 물을 긷는 동안, 동생들은 마른 땔감을 줍는다. 함께 온 친구들도 부지런히 몸을 놀린다. 숲 속의 콜로부스

원숭이가 자꾸 꼬리를 흔들며 같이 놀자고 졸라도 소용없다. 원숭이랑 놀기는 내일!

땔감은 등에 지되 떨어지지 않도록 이마에 끈을 잘 묶어야 한다. 왕가리는 동생들 먼저 끈을 묶어 주고 맨 나중에 땔감을 제 등에 진다. 물동이와 땔감을 이고 지고 집으로 돌아가는 길은 2.5킬로미터가 넘는 먼 길이지만 문제없다. 늘 다니던 길인데다가, 여럿이 함께 가는 길은 혼자보다 훨씬 쉬우니까!

왕가리는 집에 가면 콩부터 으깨야겠다고 마음먹는다. 거기다 옥수수와 감자를 섞어 푹 끓이면 맛있는 죽 이리오가 완성된다. 염소 젖도 짜 놓을 참이다. 저녁을 먹은 뒤에는 부엌 불 옆에 앉아 오늘 학교에서 배운 걸 복습할 생각이다. 잠이 안 오면 내일 배울 부분까지 미리 살펴볼 수도 있다.

'나무토막을 하나 더 가져다 놔야지. 좀 더 환해지라고 말이야!'

기분이 좋으니까 다리에 힘이 저절로 솟는다. 동생들을 앞세우고 친구들과 함께 숲을 걸어 나오는 왕가리의 환한 얼굴로 노을이 내려앉는다.

이 사랑스런 소녀 왕가리는 아프리카 케냐의 녜리 구역 카누웅구에서 태어났다. 키쿠유 족인 아버지 무타는 모두 네 명의 아내에게서 여섯 남매를 두었는데, 왕가리는 부인 리디아 완지루에게서 얻은 둘째 아이였다. 백인 농부의 자동차 운전기사로 일하는 무타는 다달이 월급을 받아서 소작농보다는 형편이 좀 나았다. 덕분에 무타는 자신은 비록 글을 거의 읽고 쓰지 못했지만, 여섯 아이 모두를 학교에 보낼 수 있었다.

그중에 왕가리는 특별히 아버지 무타의 자랑거리였다. 동생들을 잘 돌볼 뿐만 아니라, 공부도 아주 잘했기 때문이다. 학교에서 성적이 좋은 아이들에게 상으로 주는 책이나 연필은 늘 왕가리의 몫이었다. 집에서 학교까지 가려면 꼬박 45분 동안 진흙탕길을 걸어가야 했는데, 왕가리는 흙탕물범벅이 되어서라도 교실에서 공부하는 것이 너무 좋아 하루도 빠지지 않고 학교에 갔다.

케냐에서는 여자가 학교에 다니는 것 자체가 어려운 일이었다. 더욱이 상급 학교에 가려면 아버지의 배려가 절대적으로 필요했다. 왕가리의 아버지는 이 영리한 딸을 수도 나이로비 근교 리무루에 있는 로레토 여자 고등학교에 입학시켰다. 로레토 여자 고등학교는 가톨릭 계열의 기숙 학교로, 수녀 선생님들이 왕가리처럼 혜택받은 여학생들에게 공부와 함께 인내하고 희생하는 아름다운 믿음을 가르쳤다. 왕가리는 이곳에서 늘 기도하는 단단한 믿음을 가진 여성으로 자라났다.

왕가리는 과학 시간을 제일 좋아했다. 특히 과학 실험을 재미있어 했는데, 아일랜드에서 온 수녀 선생님 한 분이 그 점을 눈여겨보았다. 그래서 왕가리에게 실험실 뒷정리를 맡기거나 실험물을 전시하는 일을 돕게 했다. 실험실에 있을 때나 잠들기 전 하느님께 기도할 때마다 왕가리는 생각했다.

'과학자가 되고 싶다!'

할 수만 있다면, 그럴 수만 있다면…….

"왕가리! 아주 좋은 소식이 있어요. 그것도 두 가지나요!"

어느 날, 여간해선 큰 소리를 내지 않는 그 수녀 선생님이

한껏 흥분해서 왕가리를 불렀다. 왕가리는 두 눈을 동그랗게 뜨고 수녀 선생님의 입술만 쳐다보았다.

"녜리 구역의 가톨릭 주교님이 주시는 장학금을 왕가리가 받게 되었어요. 그런데 내 생각엔 지금부터 말하려는 게 더 좋은 소식인 것 같아요. 왕가리에게 미국 대학으로 유학 오라는 연락이 왔어요!"

'야호! 야야호!' 이렇게 맘껏 소리지른 다음 '와하하하' 웃고 기쁘게 미국으로 공부하러 갈 수 있다면 얼마나 좋을까? 그러나 1886년부터 영국의 식민지였던 왕가리의 조국 케냐는 그 무렵 제2차 세계대전 이후 더욱 불붙은 독립 운동이 한창인 때였다. 이 말은, 사람들이 백인들의 나라로 건너가 공부하는 케냐 여자를 곱게 보지 않는다

는 뜻이었다. 그것은 곧 조국에 대한 배신이었다!

그러나 왕가리는 기회를 놓치고 싶지 않았다. 깊이 생각하고 기도한 끝에 왕가리는 1960년, 미국으로 떠났다. 그에 대한 보복은 딸의 미국 유학을 기꺼이 허락한 어머니가 당했다. 왕가리가 미국으로 간 뒤 어머니는 망치를 들고 달려든 마을 남자들에게 어깨를 다치기까지 했지만, 자신의 결정을 결코 후회하지 않았다.

스무 살 왕가리가 만난 미국은 그야말로 별천지였다. 구두끈이나 국수조차 생전 처음 본 왕가리에게 미국은 믿을 수 없을 만큼 자유롭고 풍요로운 나라였다. 자동차, 냉장고, 텔레비전, 전화기가 집집마다 있는 나라라니! 잘만 하면 이곳에 슬쩍 끼어 평생 편히 살 수 있을지도 모른다. 그러나 왕가리는 꿈에서조차 그런 생각을 해 본 적이 없었다.

캔자스 주 마운트세인트스콜라스티카 대학(지금의 베네딕틴 대학)의 도서관과 강의실과 실험실에서 왕가리는 누구보다도 열심이었다.

'얼른 공부를 마치고 고향으로 돌아가 나라에 보탬이 되는 사람이 될 거야. 내 마음속에 피어오르는 작은 불꽃, 그 불꽃을 환하게 빛내는 일은 내 조국 케냐에서 할 거야.'

미국에서 생활하며 공부하는 동안, 왕가리는 미국에 대해 더 깊숙이 알아 갔다.

'미국은 겉으로는 평화롭고 평등해 보이지만, 중요한 모든 일은 역시 대부분 남자들이 하고 있지. 게다가 흑인들을 깔보며 그들에게 마땅히 주어야 할 기회를 무시하는걸.'

왕가리는 그런 부당한 일에 반대하는 대학생들의 시위나 집회에 참여하기도 했다. 그러나 적극적으로 나선 적은 없었다. 그저 방법을 배우기 위해서였으니까. 케냐에 돌아가 조국을 위해 일하기 위한 방법 말이다.

왕가리는 하루라도 빨리 케냐로 돌아가고 싶었다. 1963년 12월 12일, 조국 케냐의 독립 소식이 들려온 이후에는 더욱 그랬다. 이제 케냐에도 자유와 행복이 시작될 거라는 생각에 왕가리는 가슴이 벅차올랐다.

1964년, 피츠버그 대학 생물학 석사 과정에 입학한 왕가리는 새 조국에 쓰이고 싶은 마음에 논문 쓰기에 최선을 다했다. 그 무렵 생물학을 가르쳤던 찰스 랄프 교수는 왕가리를 이렇게 기억했다.

"미스 무타는 재능 있는 여학생이었습니다. 나는 여섯 명의 우수 학생들만 지도했는데, 대부분 박사 과정의 학생들이었지요. 그중에 석사 과정인 왕가리가 끼어 있었던 거예요. 왕가리는 대단히 부지런하고 손놀림이 능숙했어요. 판단력도 빠르고 아주 성실해서 늘 좋은 성적을 유지했지요."

기록적으로 짧은 시간인 1년 6개월 만에 석사 학위 논문을 마친

왕가리는 1966년, 케냐로 돌아왔다. 왕가리가 케냐에서 제일 먼저 만난 사람은 나이로비 대학 생물학부 교수인 라인홀트 호프만 박사였다. 호프만 박사는 왕가리를 보자마자 이렇게 말했다.

"미스 무타! 하늘이 당신을 내게 보냈군요. 조교로 일해 줘요. 우리 함께 나이로비 대학에 수의학 종합 과정을 만들어 봅시다."

독일에서 온 호프만 박사는 이 영리한 일꾼을 금방 알아보았지만, 정작 케냐 남자들은 생각이 달랐다. 여자가, 그것도 미국에서 공부하고 온 여자가 남자들을 제치고 뭔가 중요한 일을 한다고? 고개를 절레절레 흔드는 남자들을 설득하기 위해 호프만 박사는 케냐의 독립 운동 지도자에서 대통령이 된 조모 케냐타를 만나 왕가리의 자질을 알려야 했다.

어렵사리 얻은 첫 직장에서 왕가리는 강의를 하고, 실험을 돕고, 학생들을 이끄는 조교 강사의 일을 똑부러지게 해냈다. 1년 뒤 시간 강사가 된 왕가리를 위해 호프만 박사는 특별한 선물을 준비했다. 독일 학술 교류처에 장학금을 신청한 것이다.

독일에서의 박사 과정 준비를 위해 독일어를 열심히 배우던 1967년 여름, 왕가리는 므왕기 마타이와 결혼식을 올렸다. 므왕기는 왕가리와 같은 키쿠유 족으로, 미국과 캐나다에서 공부한 정치 지망생이었다. 케냐로 돌아와 여러 회사에서 일하다가 케냐 상공 회의소의 지도자급 구성원이 되었는데, 결혼 후 국회 의원에 당선되었다.

키쿠유 족의 관습에 따라 아버지 성에 남편의 성을 덧붙여 '왕가리 무타 마타이'가 된 왕가리는 1968년, 독일로 유학을 떠났다. 독일어가 서툰데다가 인종 차별까지 받는 힘겨운 상황이었지만, 왕가리는 미국에서와 마찬가지로 연구에 열심을 다했다. 왕가리는 기센 대학과 뮌헨 대학에서 공부했는데, 조국에 보탬이 되고 싶은 마음에 케냐 농업에서 중요한 역할을 하는 소에 대한 연구를 했다.

  2년 만에 공부를 마치고 케냐로 돌아온 왕가리는 나이로비 대학에서 강사로 일하면서 박사 논문을 썼다. 그 사이 첫아들 와웨루가 태어났다.

  바쁜 하루, 고된 노동이 아프리카 여자들에게는 평범한 일상이지만 그중에서 왕가리의 노력은 더욱 특별했다. 1971년, 드디어 특별한 여자 왕가리 무타 마타이에게 박사 학위가 주어졌다. 동아프리카 최초의 여성 박사! 그러나 이 값진 이름은 왕가리에게 앞으로 더욱 바쁘고 고되게 살아가라고 요구하는 증표이기도 했다.

하람베! 하람베!

왕가리가 처음 대학에서 조교 강사로 일하려고 했을 때 반대했던 케냐 남자들의 생각은 10년이 지나도 달라지지 않았다. 1977년 나이로비 대학 수의학과 교수가 되기까지, 왕가리에게는 온갖 질투와 반대가 쏟아졌다. 그러나 왕가리는 오랜 노력 끝에 이룬 학문적 성과를 끝없는 실험과 연구를 통해 튼실히 키워 나가는 학자였고, 바로 그 점에서 그 자리에 꼭 맞는 인물이었다. 특히, 왕가리는 여학생들의 절대적인 희망이었다.

우리 학년에 남학생은 90명이었고 여학생은 단지 세 명뿐이었어요. 왕가리 교수님께 조직학 수업을 받을 때였는데, 특수한 세포들을 현미경으로 확인해야 하는 수업이었지요. 교수님은 영사기를 사용해서 관찰된 현미경 이미지들을 벽에 비춰 보여 주셨어요. 그리고 미래의 수의사가 될 우리들에게 특히 어디를 주목해서 보아야 할지 아주 쉽고 명확하게 짚어 주셨죠. 교수님은 점심시간까지 기꺼이 우리에게 내주셨어요. 정말 남다르게 일에 열심인 분이셨죠. 게다가 우리 여학생들을 아주 특별하게 지원해 주셨어요. '너희들은 할 수 있어!'라고 항상 말씀해 주셨죠.

- 왕가리에게 조직학 수업을 받은 수의사, 수리타 가라이와의 인터뷰에서

동아프리카 최초의 여성 교수로서 왕가리는 대학이 여성을 부당하게 차별하는 일에 맞서 싸우기도 했다. 그러나 여성에 대한 억압과 차별은 대학만의 문제가 아니라 케냐 전체의 문제였다. 아니, 어쩌면 여성 차별은 문제의 일부일지도 모른다. 독립만 하면 다 잘될 줄 알았지만, 케냐는 국민은 나 몰라라 하고 제 배만 불리는 정치가들 때문에 많은 사회 문제를 안고 있었다.

조모 케냐타가 죽은 뒤 대통령이 된 다니엘 아랍 모이는 군대는 물론 사법부와 내각, 대학까지 자기 손아귀에 넣고 마음대로 주무르는 독재자였다. "어머니의 젖을 먹지 않는 아기는 죽어야 한다."고 공공연히 말하며 자신을 케냐의 어머니로 섬길 것을 강요했다. 이에 반대하는 사람들은 고문실에 끌려갔는데, 그곳에서 수많은 사람들이 목숨을 잃었다. 모이 정권과 손잡고 자신들의 이익만을 챙기려는

사람들 때문에 부정부패가 끊이지 않았고, 환경이나 나라의 앞날은 조금도 생각하지 않는 무분별한 개발로 국토는 마구 파헤쳐졌다. 케냐는 점점 가난하고 불평등한 나라가 되어 가고 있었다.

대학에서 생물학과 수의학을 연구하고 가르치는 학자로서, 국회 의원의 아내로서, 무엇보다 케냐 국민의 한 사람, 그리고 한 여성으로서 왕가리는 무언가 결정을 내려야 했다.

'나는 내 나라에 보탬이 되는 사람이 되겠다고 늘 기도하고 맹세했었다. 언제나 참기만 했던 할머니, 어머니 들처럼 살아서는 결코 우리 아이들의 미래를 보장할 수 없어. 이젠 내가 해야 한다!'

마음을 굳게 먹은 왕가리는 1977년, 자신이 몸담고 있던 국립 여성 심의회에 나무 심기 운동을 제안했다.

나무 심기! 바로 나무였다.

1970년대 초 소에게 감염되는 진드기병 연구를 위해 시골에 머물러 있을 때, 왕가리는 수십 년 동안 계속될 벌목으로 숲이 파괴되어 사람들의 생존이 위협받는 상황을 목격하고 큰 충격을 받았다. 수정처럼 맑은 물이 흐르던 강은 거의가 말라 있었고, 사람들은 땔감을 구하지 못해 음식을 제대로 익혀 먹을 수조차 없었다.

그렇기 때문에 왕가리에게 있어 나무를 심는다는 것은 케냐 국민에게 좀더 나은 삶의 조건을 만들어 주는 일이었다. 자연과 인간이 공존하는 세상, 모두가 함께 잘사는 미래를 만들어 나가는 일이었다.

"하지만 나무를 심는 것은 산림청에서 할 일이지, 여성 운동에 적합한 일은 아니지 않나요?"

망설이는 국립 여성 심의회 사람들에게 왕가리는 힘주어 말했다.

"아니요. 나무 심기 운동은 그 어떤 것보다 우리 여자들을 위한 일이에요. 집 가까이에 나무를 심으면 여자들이 땔감을 구하러 먼 데까지 가지 않아도 되고, 열매는 좋은 식량이 될 거예요. 또, 먹

• 아프리카에 나무를 심자고?

'케냐' 하면 얼룩말과 누 떼가 무리지어 달리는 드넓은 초원을 떠올리게 마련이다. 그러나 케냐는 전 국토의 3분의 2가 황무지이고, 무언가 심고 거둘 수 있는 땅이라고는 10분의 1도 안 되는 나라이기도 하다. 일 년 평균 강수량은 300~500밀리미터, 그나마 예측 불가능하게 쏟아지는 집중 호우다. 적도를 지나는 태양이 살인적으로 내리쬐며, 평균 4년에 한 번씩 큰 가뭄이 드는 케냐는 심각한 '물 부족' 국가로 분류되어 있다.

도시에서는 다섯 명 중에 한 명꼴로 물을 공급받지만, 시골에서는 물을 공급받을 수 있는 확률이 4퍼센트 미만이다. 게다가 길어다 먹는 물속에는 아메바성 이질이나 티푸스균이 득실거려 전염병을 빠르게 퍼뜨린다. 먹고 남은 약간의 곡물에는 금세 곰팡이가 피고, 물을 찾아 나선 소녀들은 굶주린 악어들에게 물려 죽기 십상이다. 이런 케냐에서 나무를 심고 돌본다는 것은 당장 사람들 입으로 들어가기도 힘든 그 물을 몇 년이나 나무에게 나눠 주겠다는 약속이자 고된 노동의 다짐이다.

고 남은 열매를 시장에 내다 팔면 살림에도 보탬이 되지요."

결국 국립 여성 심의회는 왕가리의 제안을 받아들여 나무 심기 운동을 정식 프로그램으로 채택했다.

왕가리는 먼저 예전에 복지 사업과 환경 운동을 연결시켜 세웠던 쓰레기 수거 회사, 인바이어러케어를 '나라를 하람베로 구하라'는 시민 단체로 바꾸었다. 하람베란 '힘을 합쳐 일하자'는 뜻의 케냐 말로, 이 단체가 시작한 나무 심기 운동은 곧 '그린벨트 운동'으로 이름을 바꾸었다.

그해 6월 5일, 세계 환경의 날은 그린벨트 운동을 세상에 널리 알린 날이 되었다. 나이로비의 카무쿤지 운동장에 케냐를 구성하는 일곱 개 종족의 대표들이 모여 각각 자신들의 영웅을 기념하는 나무를 한 그루씩 심었다.

"케냐는 여러 종족으로 이루어진 나라입니다. 모두 힘을 합쳐 가능한 곳이면 어디에나 나무를 심어 황무지가 생기는 것을 막읍시다! 가뭄과 굶주림과 죽음으로부터 케냐를 구합시다!"

힘을 합쳐 나무를 심고 숲을 보살펴 케냐를 지키자는 왕가리의 생각은 많은 사람들의 마음을 한 곳으로 모으기 시작했다. 그린벨트 운동은 전국적으로 힘차게 퍼져 나가, 곧 묘목을 댈 수 없을 지경에 이르렀다. 왕가리는 모이 정부의 최고 삼림 책임자인 오네스무스 음부르에게 1500만 그루의 묘목을 요청했다. '한 사람이 한 그루 나

무 심기' 운동을 펼치고 있었기에, 케냐 인구 수만큼 나무가 필요했던 것이다.

"1500만 그루라고? 묘목은 얼마든지 대줄 테니 한번 해 보시오."

코웃음을 치던 음부르는 얼마 안 가 부끄러워 고개를 들지 못했다. 1년도 채 지나지 않아 1500만 그루의 나무가 모두 심어졌고, 사람들은 나무를 더 달라고 아우성쳤기 때문이다.

특히 1985년 제3차 세계 여성 대회 때 모이 정부는 그야말로 할 말을 잃고 말았다. 정부의 벌목 정책에 반대하는 시골 여성 수백 명이 등에 거대한 나뭇단을 지고 나이로비 국제 회의 센터 앞으로 몰려와 시위를 벌인 것이다. 왕가리가 주도한 이 시위는 가난한 케냐 여성들이 벌이는 숲과 나무 살리기 운동을 전 세계에 널리 알리는 계기가 되었다.

그 이듬해인 1986년, 그린벨트 운동은 '범아프리카 그린벨트 네

트워크'로 확대되어 탄자니아, 우간다, 말라위, 레소토, 에티오피아, 짐바브웨 등 아프리카 전 지역에서 온 사람들을 교육시키며 빠르게 퍼져 나갔다. 그 한가운데에는 언제나 누구보다 지혜롭게 그린벨트 운동과 여성 운동을 이끄는 왕가리가 있었다.

그러나 그린벨트 운동을 펼치는 동안 왕가리는 점점 모이 정부와 그 정부를 지지하는 남자들의 적이 되었다. 가장 큰 사랑과 이해로 감싸 줘야 할 남편마저도 왕가리를 비난했다.

그린벨트 운동이 성공한 이유

그린벨트 운동은 그 시작부터 성공의 싹을 지니고 있었다. 왕가리가 소속된 국립 여성 심의회가 이 운동에 적극적으로 나섰고, 1972년부터 나이로비에 문을 연 유엔 환경 계획의 뒷받침이 있었기 때문이다. 특히 지혜로운 케냐 국민들은 왕가리의 그린벨트 운동이 그동안 백인들이 케냐에서 벌여 온 환경 운동과는 근본적으로 다르다는 점을 알아챘다. 백인들은 관광 산업을 위해 꼭 필요한 야생 동물 보호에 주력해 왔지만, 왕가리는 케냐의 생태계, 즉 사람과 동물과 식물이 함께 어우러지는 자연 환경을 지키고 마련하는 데 목표를 두었다.

왕가리는 케냐 인에 의한, 케냐 인을 위한, 순수한 아프리카 민중들이 실현하는 환경 운동을 실천했고, 이를 통해 케냐 국민들의 마음을 한데 모을 수 있었다.

"왕가리는 지나치게 훌륭한 교육을 받았고, 지나치게 강하며, 지나치게 성공했고, 지나치게 고집이 세고 엄격해서 통제가 불가능한 여자예요. 결코 좋은 아내가 될 수 없습니다."

므왕기는 자신보다 훨씬 유명한 아내를 참을 수 없었다. 하녀처럼 시중들어 주지 않는 아내, 자신의 할머니나 어머니처럼 살지 않는 아내가 창피하고 부끄러웠다. 술에 취해 들어온 밤이면 므왕기는 가구를 부수고 가족들을 위협하고 아내를 때리기까지 했다.

1979년, 므왕기는 급기야 왕가리가 다른 남자와 부정한 일을 저질렀다는 누명을 씌워 법정에 이혼 소송을 냈다. 므왕기는 부패한 검사 체소니와 짜고 거짓 증언을 할 증인들을 미리 만들어 두었고, 법정은 결국 왕가리에게 패소 판결을 내렸다.

그러나 눈과 귀가 있는 많은 사람들은 진실을 알고 있었다. 변변치 못한 국회 의원이던 므왕기는 이혼 후 다시는 국회 의원이 되지 못했다. 왕가리는 아버지가 책임지지 않은 세 아들 와웨루, 완지라, 무타를 혼자서 키웠다. 왕가리의 이혼 사건은 왕가리를 못마땅하게 여기는 사람들 사이에서는 험담거리가 되었지만, 사리분별이 밝은 케냐 사람들에게는 남성에게 당당히 맞선 훌륭한 여성의 본보기가 되었다.

왕가리의 시련은 계속되었다. 1981년, 대학은 국회 의원에 입후보하겠다는 왕가리에게 교수직을 포기할 것을 강요했다. 왕가리는 하는 수 없이 대학에 사직서를 내고 국회 의원 선거에 출마했다. 그러나 국회 의원에 낙선한 뒤에도 왕가리는 다시는 대학으로 돌아갈 수 없었다. 처음부터 대학은 여성을 차별한다며 대학을 비판해 온 왕가리와 함께할 마음이 조금도 없었던 것이다.

세 아이를 혼자서 키워야 하는 힘든 상황에 일자리마저 잃었지만, 왕가리는 마음을 굳게 다잡았다.

'나는 질기고 질긴 케냐 여자다. 이대로 주저앉지 않아!'

왕가리는 유엔에 그린벨트 운동을 연구 과제로 신청하고 거기서 나오는 적은 월급으로 살림을 꾸려 나갔다. 가정의 생계를 책임지는 케냐의 수많은 보통 여자들처럼.

경계를 넘어선 여자들의
풀뿌리 운동

벌써부터 태양이 뜨겁게 내리쬐는 오전, 무랑가 지역 메리초 경찰서 부근의 그린벨트 지역에 열댓 명의 여자들이 경찰들을 에워싸고 있다. 여자들한테 포위당한 경찰이라니! 고래고래 질러 대는 여자들의 목소리가 도끼와 톱을 든 경찰들을 주춤하게 만든다.

"당장 그만둬요! 당신들이 무슨 권리로 우리 나무를 베는 거야?"

"우리가 심고, 거름을 주고, 물을 줬어요. 나무는 우리의 정성이고 꿈이에요."

"우리는 나무를 키워 번 돈으로 조그만 수선 가게를 열었어요. 하지만 그런 돈보다도 우리에게는 나무가 필요해요. 케냐에는 나무가 필요하다고요."

"맞아요! 나무는 이 땅이 황무지로 변하는 걸 막아 줘요. 그린벨트 운동을 하는 우리를 어떻게 보는 거예요?"

얼굴이 벌게진 경찰들이 화를 내며 빈주먹으로 을러도 보지만 여자들은 조금도 물러설 기색이 없다. 아까부터 말이 없던 경찰 하나가 힘없이 도끼를 땅에 내려놓는다. 여자들은 남은 경찰들을 똑바로 쳐다본다.

"알았어요! 알았어! 나무를 베지 않을게요. 그러니 여러분도 돌아가 주세요."

나이 든 경찰의 말 한마디에 또 한 번 시끄러워진다.

"야호! 우리가 해냈어! 우리가 나무를 지켰어요."

"고마워요! 정말 잘 생각하신 거예요."

"나무 만세! 케냐 만세!"

얼마 안 되는 월급으로 고민하던 경찰관 몇몇이 나무를 베어 팔아서 돈을 좀 벌어 볼까 했던 것이다. 그러나 나무를 지키려고 달려온 여자들의 힘은 강력했다.

왕가리가 '풀뿌리 운동'이라고 이름 붙인 그린벨트 운동은 주로 케냐 여자들을 중심으로 펼쳐졌다. 여자들은 뙤약볕 아래 앉아 교육 담당자들에게 그린벨트 운동이 어떻게 시작됐는지, 왜 나무를 심어야 하는지, 어린 나무들을 돌보면 자신에게 어떤 이익이 돌아오는지 자세히 듣고 배웠다.

"그러니까 우리가 어린 나무를 심어서 잘 키우면 한 그루에 5케냐 실링(우리 돈으로 약 7천 원 정도)을 쳐주겠단 소리지요?"

"씨앗이랑 묘목도 다 나눠 주고요?"

"몇 년만 고생하면 작은 빵가게라도 열 수 있겠네! 아이고, 이렇게 좋을 수가!"

교육 현장에서는 묘목을 가꾸기 위해 할 일들, 그 어려운 노동의 의미와 성과, 그동안 전혀 보호받지 못한 케냐의 숲과 자원들, 잘못된 정책과 그에 따른 영향, 케냐 사람들이 주장해야 할 권리와 의무 등 수많은 이야기들이 오갔다. 이야기는 서로의 생각을 나누고 키우는 토론으로 이어졌다. 바로 거기서 민주주의를 향한 케냐 국민들의 소망이 함께 자랐다.

"우리 콩밭 한 귀퉁이에도 나무를 심을래요. 함께 돌볼 수 있을 것 같아요!"

"그린벨트에는 나무를 두 배는 더 심어야 해요. 이런 기후에서는 심은 나무의 절반이 죽어 버리거든요."

"빨리 자라는 나무가 좋긴 하지만, 그렇다고 무조건 외국에서 나무를 들여오는 건 생각해 봐야 해요. 뭐였더라, 그…… 생, 뭐라고 했었는데. 아, 맞다! 생태계! 우리 생태계를 파괴할 수도 있대요!"

"그러니까 우리 토종 나무들을 많이 심자는 겁니다. 붉은실측백나무, 코디아나무, 마하미아나무, 포도나무랑 모과나무, 무화과나무 그런 것들 말이에요."

"나무가 이렇게나 중요한데, 도대체 정부는 왜 그렇게 어리석지요? 나무를 베라고 마구 허가를 내주면 어떡해요?"

"그러니까 우리가 할 일은 나무를 심고 돌보는 데에만 그치는 게 아니에요. 우리의 숲을 지키기 위해 케냐의 경제와 물, 숲의 생태를 연구하는 것도 우리가 해야 할 일이라고요."

"물론이죠. 우리가 힘을 모아서 잘못된 이 나라의 정책까지 고쳐

나갑시다!"

그린벨트 운동은 자연스럽게 정부 정책에 대한 비판으로 이어졌고, 이를 눈치챈 모이 정부는 여러 가지 방법으로 왕가리를 괴롭혔다. 그리고 마침내 1989년, 우후루 공원의 '타임스 타워 사건'이 벌어지자 왕가리를 고문실로 끌고 갔다. 나이로비 시내에 있는 우후루 공원은 자동차들이 내뿜는 매연으로 오염된 이 도시의 공기를 걸러 내는 '녹색 허파'이자, 시민들의 휴식처였다. 이 우후루 공원의 숲을 없애고 62층짜리 케냐 타임스 타워 빌딩을 짓겠다는 정부의 계획에 왕가리가 강력하게 반대하며 법원에 고소장을 낸 것이다. 고문실에 끌려온 왕가리에게 모이 대통령은 이렇게 말했다.

"당신은 경계를 넘어섰어. 여자는 남자를 존중해야 한다는 아프리카의 관습을 까먹었다고. 머릿속에 벌레가 들어 있는 게 틀림없어!"

정부는 그린벨트 운동을 '이혼하고 책임감 없는 여자들의 무리'라고 부르면서, 법원을 통해 왕가리의 모든 행동을 위법으로 판결 내리도록 명령했다. 법을 어긴 그린벨트 운동은 당장 금지되었고, 곧 사무실마저 비우라는 명령이 떨어졌다.

그러나 모이 정부의 생각대로 되기에는 왕가리를 지키고 응원하는 눈이 너무 많았다. 세계 언론들이 이 사건에 주목하며 모이 정부의 부당함과 왕가리의 활동을 널리 알린 것이다. 모이 정부는 타임스 타워 계획을 접을 수밖에 없었는데, 이 일을 계기로 정부와 왕가리 양쪽 모두 한 가지씩 교훈을 얻게 되었다.

'저 여자, 생각보다 응원군이 많은걸. 전 세계적으로 알려진 환경운동가라니! 우습게 보면 안 되겠어.' 하는 깨달음이 정부의 것이었다면, '언론의 도움을 받으며 법의 테두리 안에서 비폭력 저항을 한다면 우리가 이길 수도 있겠어! 아니, 우리가 이겨야 해!' 하는 다짐은 왕가리의 것이었다.

왕가리의 그린벨트 운동이 정부에 반대하는 본격적인 정치 활동으로 발전하자, 정부의 억압도 점점 강도를 더해 갔다. 1992년과 1997년 선거에 나섰던 왕가리는 집, 사무실, 차 안, 유세장 그 어느 곳에서나 도청당했다. 납치하겠다는 위협을 수도 없이 받았으며, 군인에게 얻어맞거나 무장 경찰에게 체포되어 감옥으로 끌려가는 일들을 종종 겪었다. 선거 결과는 늘 참혹한 패배였고, 독재자의 강한 힘 앞에 무릎 꿇지 않기란 참으로 어려운 일이었다.

'그들은 감쪽같이 나를 죽일 수도 있다. 그래, 충분히 그럴 수 있어. 그러나 그것만 생각하면 다른 일을 할 수 없다. 잊자! 잊어버리자. 그러나 두려움은 잊을 수 있지만, 외로움은 어떡하지? 나와 친구라는 이유로 협박당하는 주위 사람들을 보는 것도 괴롭지만, 점점 혼자가 되어 가는 나는 이제 어떻게 될까? 정말 두려운 것은 목이가 아니라 이 외로움일지도 몰라.'

혼자가 된다는 두려움 때문에 왕가리는 더욱 '우리가 함께' 싸워야 한다고 믿었다.

함께 싸우는 '우리'가 되기 위해 왕가리는 1992년, 정치범 어머니들의 모임인 '자유의 어머니들'이 우후루 공원에서 아들들의 석방을 요구하며 단식 투쟁을 벌이는 시위에 동참했다. 왕가리는 공원 한쪽 '자유의 구석'에서 코앞으로 날아드는 최루탄에 위협받고, 머리를 내려치는 몽둥이에 정신을 잃으면서 시위를 계속했다.

세계 언론들은 왕가리와 '자유의 어머니들' 이야기에 주목했고, 그동안 한 번도 말하지 않았던 모이 정부의 고문실에 대해 자세히 보도하기 시작했다. 결국 모이 대통령은 또 한 번 물러설 수밖에 없었다. '자유의 어머니들'의 아들들은 이듬해 봄 드디어 감옥에서 풀려나 어머니 품에 안겼다.

초록 바다 아프리카를 꿈꾸며

2002년, 다니엘 아랍 모이는 음와이 키바키에게 정권을 넘기고 대통령직에서 물러났다. 나이로비의 마지막 숲인 카루라 숲에 나무를 베어 내고 별장을 지어도 좋다는 정부의 허가를 왕가리가 온몸으로 막아 낸 지 3년 만의 일이었다.

"내 목숨이 필요하다면 내놓을게요. 그러나 숲에 집을 짓게 할 수는 없어요."

카루라 숲에 나무를 심으며 시위하던 왕가리가 마침내 승리할 수 있었던 것은 역시 많은 사람들이 보태어 준 용기 덕분이었다. 왕가리가 경찰이 휘두르는 몽둥이에 머리를 맞아 피를 철철 흘리며 병원으로 실려 가자, 케냐 국민들은 물론 세계 각국에서 거센 비난이 쏟

아졌고, 이후 모이 정부는 완전히 힘을 잃고 만 것이다.

　카루라 숲을 지킴으로써 케냐 민주화에 크게 이바지한 왕가리의 활약은 많은 사람들에게 깊은 인상을 남겼다. 2002년, 케냐 야당의 통합당인 전국 무지개 연합 후보자가 된 왕가리는 마침내 국회 의원으로 당선되었다. 수많은 여성들과 케냐의 깨어 있는 남성들이 왕가리에게 표를 던진 것이다. 이듬해 새 대통령 키바키는 왕가리 무타마타이를 케냐 환경부 차관으로 임명했다.

"하지만 나는 차관으로 일한 지 얼마 되지 않아 더 크게 낙담했어요. 꿈에 그리던 케냐의 민주주의가 시작되었다고 믿었지만 그것은 아직도 꿈에 머물렀어요. 나는 고통받았고, 아주 심각하게 차관직에서 물러나야 한다는 생각을 하게 되었어요."

왕가리가 함께 일해야 할 장관들은 모이 정부 때부터 일했던 사람들인데다가 능력도 없었다. 그들은 왕가리를 경계하여 불법 토지 배분에 관한 보고서조차 볼 수 없도록 했다. 나무를 심고 지키며 숲을 되살리려는 왕가리의 노력은 고위 관리들의 부패로 물거품이 되어 가고 있었다. 왕가리를 지지했던 사람들은 고위 관리들의 숲 파괴를 막지 못하는 왕가리를 비난하기 시작했다. 이름뿐인 환경부 차관, 왕가리는 그저 새 정부가 내세운 얼굴이자 간판이었던 것이다.

'나는 어째서 물러나지 않는 거지?'

왕가리는 거의 매일 스스로에게 물었고, 마침내 답을 찾아냈다. 그것은 대통령 키바키와 함께하겠다는 약속 때문이었다. 지금 왕가리가 그만둔다면, 대통령의 뺨을 찰싹 때리고 돌아서는 것이었다. 가까스로 얻어 낸 민주주의의 씨앗을 새 정부 구성원들의 다툼으로 짓밟을 수는 없었다.

'지금 케냐는 어떻게든 살아 내려고 몸부림치는 아주 작은 묘목인걸! 나는 묘목이 나무가 될 때까지 인내심을 갖고 돌보고 기다려야 한다고 수도 없이 말하고 강조해 온 사람이잖아.'

그렇게 생각하며 스스로를 다독이던 왕가리에게 어느 날 한 통의 전화가 걸려 왔다.

"안녕하세요? 왕가리 마타이 차관님! 저는 노르웨이 대사 하랄드 디렌입니다. 방금 우리나라 노벨상 위원회로부터 2004년 노벨 평화상 수상자로 차관님이 선정되었다는 소식을 들어 전해 드립니다. 정말 축하드립니다."

숲을 농지로 바꾸는 샴바를 반대한다는 뜻을 전하러 녜리 구역의

샴바 반대

독재자 모이의 시대가 끝나고 민주주의를 실현하겠다는 새 정부가 들어섰지만, 케냐에는 여전히 내일의 끼니를 걱정하는 사람들이 많다. 아직도 많은 농민이 케냐 산자락이나 아베다레스 숲 속 깊숙이 들어가 샴바를 만든다. 샴바는 농민들이 나무를 베어 내고 옥수수나 조, 마약의 일종인 카트 등을 심은 작은 밭들을 만들어 이를 통해 당장의 먹거리와 약간의 돈을 받는 시스템을 말한다. 그러나 샴바는 숲을 파괴해 나이로비의 물 공급을 위협하고 마지막 남은 숲 코끼리들을 죽이는 등 케냐의 생태계에 매우 심각한 문제를 일으키고 있다. 이런 이유로 왕가리는 샴바를 적극적으로 반대하고 있다.

농민들한테 가는 길에 들은 뜻밖의 소식에 왕가리는 깜짝 놀랐다. 처음엔 귀가, 그 다음엔 머리가, 다시 가슴이 얼얼하더니, 곧 따뜻하고 뭉클한 감정이 솟구쳤다.

"우리가, 우리가 승리했군요!"

지난 30여 년 동안 왕가리가 10만여 명에 이르는 그린벨트 운동 회원들과 함께 케냐와 아프리카 전 지역에 심은 나무는 무려 3천만 그루가 넘는다. 실제로는 6천만 그루가 넘을 것이다. 살아남은 나무란 항상 심은 나무의 절반 정도이니까! 이는 축구장 5만 4000개의 면적을 숲으로 만들었다는 뜻이다.

그러나 이러한 그린벨트 운동의 성과에도 불구하고, 1977년 그린벨트 운동을 처음 시작할 무렵 케냐 전 국토의 2.9퍼센트를 차지하던 숲은 2005년 현재 전 국토의 2퍼센트로 줄어들었다. 여전히 베어지는 나무가 심어지는 나무보다 많기 대문이다. 그렇다고 왕가리의 노력이 헛되다고 볼 수는 없다. 그린벨트 운동이 없었다면 훨씬 더 많은 숲이 사라졌을 테니까.

노벨상 위원회는 왕가리가 생명의 위협을 받으며 아프리카의 숲을 지켜 냈을 뿐만 아니라, 인권과 여성의 권리 향상에 기여한 점을 높이 샀다.

지구 위의 평화는 살아 있는 환경을 유지할 수 있는 우리의 능력에 달려 있습니다. 왕가리 마타이는 케냐와 아프리카의 생태적, 사회적, 경제적, 문화적 발전을 위한 투쟁의 최전선에 서 있습니다. 그리고 지속 가능한 개발, 민주주의, 인권, 그리고 무엇보다 여성의 인권을 모두 아우르는 통합적인 시각으로 활동해 왔습니다.

— 노벨상 위원회의 노벨 평화상 선정 이유 중에서

왕가리가 노벨상을 받는다는 소식을 들은 케냐의 고위층들은 갑자기 태도를 바꾸었다. 왕가리에게 자동차를 선물하거나 찾아와 함께 사진을 찍기도 했고, 왕가리는 예전부터 훌륭한 인물이었다고 치켜세우기도 했다. 당황스러울 만큼 어색한 이 칭찬들 앞에서 왕가리는 웃으며 말했다.

"그것이 꼭 위선이라고는 생각지 않아요. 어쩌면 그들은 내가 무엇을 위해 활동하고 있는지 이제야 깨닫게 되었는지도 모르잖아요."

부디 왕가리의 생각이 옳기를 소망하지만, 케냐의 갈 길은 아직도 멀다. 고위층의 부패만큼이나 해묵은 종족 간의 분쟁, 자립을 방해하는 전통적 가족 중심의 이기주의, 남자를 여자의 우위에 두는 남성 중심주의, 생존을 위협하는 가난……. 케냐는 아직도 이런 문제들에 발목이 잡혀 있다.

그러나 왕가리는 여전히 희망에 기댄다. 노벨 평화상이라는 칭찬과 기대는 그것만으로 가치가 있지만, 왕가리에게 가장 중요한 것은 역시 희망이다.

"나무를 심는 한, 그린벨트 운동이 케냐를 중심으로 아프리카 전 지역에서 계속되고 있는 한, 승리의 역사도 녹색의 편일 거예요."

노벨상 증서를 받고 있는 왕가리 마타이.

초록 바다로 물결치게 될 아프리카 땅을 꿈꾸던 마마 미티('나무들의 어머니'라는 뜻의 케냐 말), 왕가리 마타이의 희망은 죽음 앞에서 더 강해졌다. 2011년 9월 25일 나이로비의 한 병원에서 암으로 세상을 떠나기 전까지, 왕가리는 세계 곳곳을 돌아다니며 푸른 지구를 만드는 데 앞장섰다. 왕가리의 희망에 함께했던 모든 세계 사람들은 오늘도 한 그루의 나무를 심으며 초록의 희망을 보태는 중이다.

왕가리 마타이의 생애

1940년		4월 1일, 케냐 녜리 구역의 카누응구에서 여섯 남매 중 둘째이자 맏딸로 태어남.
1959년	19세	가톨릭 계열 기숙 학교인 로레토 여자 고등학교를 졸업함.
1960년	20세	미국으로 가, 마운트세인트스콜라스티카 대학에서 공부함.
1964년	24세	펜실베이니아 주 피츠버그 대학에 입학하여 생물학 석사 과정을 공부함. 석사 논문을 1년 6개월 만에 씀.
1966년	26세	케냐로 돌아와 나이로비 대학에서 조교 강사로 일함.
1967년	27세	므왕기 마타이와 결혼함.
1968년	28세	독일로 가, 기센 대학과 뮌헨 대학에서 생물학을 공부하며 박사 논문을 위한 자료를 수집함.
1970년	30세	나이로비로 돌아와 박사 논문을 씀. 첫아들 와웨루가 태어남.
1971년	31세	박사 논문이 통과되어 동아프리카 최초의 여성 박사가 됨.
1974년	34세	남편 므왕기가 국회 의원이 됨. '인바이어러케어'라는 쓰레기 수거 회사를 세워 청소한 자리에 묘목을 심는 사업을 벌임.
1975년	35세	멕시코에서 열린 제1회 세계 여성 대회에 참석함. 회사 경영에 실패하고 종묘 재배원의 묘목들도 모두 말라 죽음.
1976년	36세	국립 여성 심의회 회원이 됨.
1977년	37세	나이로비 대학 교수로 임명되어 동아프리카 첫 여성 교수가 됨. 그해 수의학과 학과장이 됨. 그린벨트 운동을 시작함.

연도	나이	내용
1980년	40세	남편과의 이혼 소송에서 이혼 판결이 내려짐.
1981년	41세	국립 여성 심의회 의장이 됨. 국회 의원 입후보를 위해 그만둔 대학 교수직에 복직되지 못하여 한동안 경제적 어려움을 겪음.
1985년	45세	나이로비에서 열린 제3차 세계 여성 대회에 시골 여성 수백 명을 초대하여 시위에 참여하게 함.
1986년	46세	그린벨트 운동이 '범아프리카 그린벨트 네트워크'로 확대됨.
1989년	49세	우후루 공원의 케냐 타임스 타워 건설에 반대하는 것을 시작으로 모이 정부에 정면으로 맞섬. '세계 여성상'을 받음.
1991년	51세	환경 부문의 노벨상이라고 불리는 '골드먼 환경상'을 받음.
1992년	52세	'자유의 어머니들'과 함께 투쟁을 벌임.
1997년	57세	대통령 선거에 나섰으나 낙선함. 이후 그린벨트 운동에 몰두함.
1999년	59세	카루라 숲을 지키기 위한 투쟁을 벌임.
2002년	62세	전국 무지개 연합 후보자로 선출되어 의회에 진출함. 독재자였던 모이가 물러나고 음와이 키바키가 새 대통령이 됨.
2003년	63세	케냐 환경부 차관으로 임명됨. '케냐 환경 녹색당'을 창설하고, 〈그린벨트 운동〉이라는 책을 냄.
2004년	64세	노벨 평화상을 받음. 같은 해 '소피 상', '페트라 켈리 환경상'을 받음.
2005년	65세	케냐 환경부 차관으로 일하며 무장 해제 관련 유엔 사무총장 자문 위원회 위원, 제인구달 연구소, 여성 환경 개발 기구, 케냐 국립 여성 심의회 등 여러 단체에서 활동함.
2006년	66세	우리나라에서 열린 노벨 평화상 수상자 정상 회의에 참석함.
2011년	71세	9월 25일, 나이로비의 한 병원에서 암으로 세상을 떠남.

MARIA MONTESSORI

우리가 어린이들에게 해 줄 수 있는 가장 큰 도움은
조용히 함께 있어 주고,
어린이들이 나름의 방식으로
자유롭게 자신을 개발할 수 있도록
해 주는 것입니다.

어린이를 존중한 참교육자 마리아 몬테소리
(1870~1952)

이탈리아 최초의 여성 의사이며 교육자.
어린이의 개성과 권리를 존중하는 교육을 주장했으며,
교구를 이용한 놀이를 통해 스스로 깨닫는 교육법을 개발했다.
오늘날의 유아 교육 이념에 큰 영향을 주었다.

당신은 내가
마음에 안 들었군요?

작가   나는 당신의 이야기를 쓰는 게 조금 망설여졌어요. 당신이 개발한 교육 이념과 방법은 훌륭하고 좋은 점이 많지만, 그에 못지않게 고집스러운 부분도 많으니까요. 당신도 꼭 그런 사람일지 모른다는 생각이 들어서요.

마리아 몬테소리   솔직히 말해 줘서 고마워요. 그러니까 당신은 내가 마음에 안 들었던 거로군요?

작가   (아주 작은 목소리로) 네, 정말로 고집이 센가요?

마리아 몬테소리   잘 봤어요. 나는 누구도 못말리는 고집쟁이랍니다. 어렸을 때부터 아주 유명했는걸요. 1870년 여름, 키아라발레라는 이탈리아의 작은 도시에서 태어난 나는 외동딸로 부모님의 사랑을 듬뿍 받으며 자랐지요. 그렇다고 부모님이 무엇이든 오냐오냐 받아 주신 것은 아니에요. 오히려 부모님은 나에게 아주 엄격하셨지요. 내 고집의 대부분은 바로 그런 부모님의 엄격함에서 나왔다고 생각해요. 나에게서 고집스러움을 뺀다면, 오! 그건 마리아 몬테소리가 아닐지도 몰라요. 어떤 일에 대해 옳다는 확신이 서면 바로 내 방식대로 밀고 나가는 게 바로 나인걸요.

작가 고집이 센 사람은 보통 용기가 있게 마련이지요. 어려움을 이겨 내는 용기 말이에요. 하지만 너무 고집이 세면 왕따가 될걸요?

마리아 몬테소리 왕따가 되는 게 두려운가요? 나는 내 마음속 생각이 더 중요하다고 생각하는데……. 좋아요! 그럼 이렇게 설명하죠. 당신이 나를 좀더 잘 알기 위해서는 먼저 내가 살았던 시대부터 이해해야 해요. 지금으로부터 130년도 훨씬 더 전의 시대 말이에요.

그때는 남자의 그림자 말고 여자가 할 수 있는 일은 아무것도 없었어요. 그래서 사회에서 자리를 잡기 위한 여성들의 투쟁이 계속되었기 때문에 나처럼 고집 세고 유별난 여자가 꼭 필요했지요. 그리고 왕따 얘기가 나왔으니 말인데요, 사실 나는 초등학교 때부터 줄곧 왕따 학생이었답니다.

작가 정말이에요? 그럼 그 얘기부터 해 주세요. 초등학교 시절의 어린 마리아 이야기부터요.

휘파람을 더 세게 불어 봐, 더 높이 올라갈 테니까!

마리아 몬테소리 다섯 살 무렵에 로마로 이사 간 나는 그곳 초등학교에 입학했어요. 1875년의 일이었는데, 그 당시 우리 이탈리아의 교육 현실은 정말 엉망이었어요. 로마는 그래도 좀 나았지만, 대부분의 학교는 거의 마구간 수준이었답니다. 정신없고 지저분하고 가난했지요. 학생은 많고 교사는 부족한데다가, 고작해야 읽기 쓰기 정도를 배우는데도 책이나 공책이 늘 모자랐어요. 아이들이 건강하게 자랄 수 있는 깨끗한 환경 따위는 아예 신경도 못 썼지요.

작가 그럼 당신도 더러운 아이였나요? 설마, 그래서 왕따를 당한 건 아니겠죠?

마리아 몬테소리 오, 아니에요! 나는 어렸을 때부터 어머니한테 단단히 교육을 받은걸요. 아침에 일어나 침대를 정돈하고, 세수할 때는 귀까지 깨끗이 닦고, 욕실 타일 바닥을 청소하는 일도 했지요. 내가 왕따가 된 진짜 이유는 성적이 아주 좋았기 때문이에요. 내가 공부를 잘하다 보니 공부 못하는 친구들을 이해하지 못했거든요. 말하자면 잘난 체를 했던 거예요.

열 살 때의 몬테소리.

작가 요즘에도 공부 잘한다고 잘난 체하면 친구들이 싫어해요. 그런데 그 정도로 공부를 잘했어요?

마리아 몬테소리 나는 수업 시간에 선생님의 말씀을 쉽게 이해했고, 그래서 공부가 참 재미있었어요. 특히 수학과 과학을 좋아했는데, 친구들이랑 놀다가도 수학책을 꺼내 문제를 풀곤 했지요.

작가 친구들은 좀 싫어했겠네요.

마리아 몬테소리 게다가 나는 무슨 놀이든 대장을 하려고 했어요. 꼭 남자만 대장을 하라는 법은 없으니까요. 친구들이랑 모여 놀 때면 늘 앞에 나서기를 좋아했지요. 내 말에 찬성하지 않는 친구에게는 이렇게 쏘아붙이곤 했어요.

"네가 뭘 안다고 그래?"

"너하고는 더 이상 말하지 않기로 마음먹었으니까 그렇게 알아!"

그러면서 친구를 쫓아 버린 적도 있는걸요. 나는 다소곳이 앉아 바느질이나 하면서 결혼할 때까지 얼굴도 모르는 남편을 기다리는 여자가 되고 싶지는 않았어요. 차라리 남자들과 맞붙어서 경쟁하는 게 훨씬 낫다고 생각했지요.

작가 (망설이다가 조심스럽게) 혹시…… 싸움도 잘 하신 거 아니에요?

마리아 몬테소리 호호호! 맞아요. 나는 싸움도 아주 잘했어요. 그런데 내 싸움의 방식은 주먹질이 아니라 공부였어요. 하지만 공부하는 것도 쉬운 일은 아니었답니다. 그때만 해도 여자가 공부하는 것을 그리 달가워하지 않았기 때문이지요. 나중에 내가 의사가 되겠다고 마음먹고 의과 대학에 가려고 했을 때는 큰 소동이 벌어졌어요. 성적이 좋아도 받아 주는 대학이 없는데다가 남자들의 반대가 만만치 않았거든요. 우리 아버지마저 나를 야단치신걸요. 교황님이 도와주시지 않았다면 나는 아마 의과 대학에 들어가지 못했을지도 몰라요.

작가 교황님이 당신을 입학시키라고 명령했나 보군요?

마리아 몬테소리 그건 아니에요. 교황님은 단지 "의사는 여성에게 아주 좋은 직업이 될 수 있다고 생각한다."고 말씀해 주셨어요. 그 이후에 로마 대학 의학부에서 나를 마지못해 받아 주었지요.

작가 정말 너무하네요.

마리아 몬테소리 대학을 다니는 동안에도 나는 늘 왕따였어요. 남학생들이 먼저 와서 모두 자리에 앉기 전까지, 나는 강의실에 들어갈 수도 없었어요. 그들 곁에 가까이 앉아서도 안 되었고, 자유롭게 움직이지도 못했지요. 남학생들은 내가 마지막으로 강의실에 들어설 때면 이상한 휘파람 소리를 내며 놀려 대곤 했어요.

작가 화가 나지 않았어요?

마리아 몬테소리 아니요! 오히려 나는 더 밝게 웃은걸요. 그리고 속으로 되뇌었죠.

　'휘파람을 더 세게 불어 봐! 그럴수록 나는
　더 높이 올라갈 테니까.'

참, 나는 해부학을 공부할 때도 남학생들의 수업이 모두 끝난 저녁에 혼자서 시체를 들여다봐야 했어요. 상상할 수 있겠어요? 캄캄한 밤에, 친구도 없이, 나 혼자서 말이에요.

작가 정말 무서웠겠네요! 혹시 의학을 공부하겠다고 결심한 걸 후회하지는 않았나요?

마리아 몬테소리 잠시 후회하기도 했어요! 처음엔 시체와 해골이 너무나 무서워 무릎이 후들거렸지요. 내장이나 다른 기관을 담아 둔 유리병도 무섭긴 마찬가지였어요. 냄새도 아주 역겨웠고요. 무엇보다 사람의 몸이 그렇게 추하고 더러워 보일 수가 없었어요. 나도 저 시체들과 똑같다는 생각을 하다가, "이런 미친 짓은 그만둘 테야!" 하고 중얼거리면서 밖으로 뛰쳐나와 도망친걸요.

작가 저런! 그런데 어떻게 다시 되돌아갔어요? 그렇게 무서운 해부실로 말이에요.

마리아 몬테소리 생각해 보니 너무 자존심이 상하는 거예요. 처음이라 그렇다고 아무리 혼잣말을 해도 위로가 안 되었어요. 절망에 빠져 근처 공원을 힘없이 걷다가 한 여자 거지의 서너 살 정도 되어 보이는 딸과 마주쳤어요. 그 아이는 누더기를 걸친 엄마 곁에서 알록달록한 종잇조각을 가지고 노는 일에 푹 빠져 아주 행복한 표정을 짓고 있었어요.

그 모습을 가만히 보고 있으려니, 점점 가슴이 벅차올랐지요. 그런 느낌을 뭐라고 표현해야 좋을지 모르겠지만, 아무튼 나는 생각이 바뀌어서 그때부터 달리기 시작했어요. 숨을 헐떡이며 해부실로 뛰어 들어가 교수님에게 큰 소리로 말했지요.

"죄송합니다! 해부는 저에게 꼭 필요한 공부니까 다시 열심히 하겠습니다."

작가 그렇게 힘들게 의사가 되었는데 왜 다시 교육학자가 되었나요? 교육학 공부를 새롭게 시작하셨지요?

마리아 몬테소리 그래요. 나는 1896년, 의과 대학을 우수한 성적으로 졸업하고 이탈리아 최초의 여성 의사가 되었어요. 박사 학위도 받았지요.

내가 의사가 되어 처음 일한 곳은 로마 대학 부설 정신과 병동이었어요. 그곳에서 나는 마치 동물처럼 갇혀 지내는 지적 장애아들을 보고 큰 충격을 받았어요. 관심을 갖고 아이들을 지켜보던 나는 그 아이들이 어떠한 자극도 받지 못하는 환경 때문에 아무런 정신적 반응을 할 수 없는 거라는 내 나름의 결론을 얻었어요. 지적 장애는 의학적인 문제가 아니라 교육적인 문제였던 거예요. 자극과 반응을 일으키는 특별한 교육 방법이 있다면 그 아이들은 치료될 수 있고, 그렇다면 아이들에게 필요한 곳은 병원이 아니라 특별한 교육을 받을 수 있는 곳, 바로 학교라는 생각이 들었지요.

작가 하지만 특별한 교육 방법을 찾아내기란 아주 어려운 일이었

을 텐데요.

마리아 몬테소리 나는 지적 장애가 있는 아이들에 대해 연구한 자료를 모두 찾아 읽었어요. 그리고 마침내 나의 주장에 큰 힘을 실어 줄 만한 이론과 방법을 찾아냈어요. 바로 프랑스 의사인 이타르와 세갱의 '치료 교육학'이라는 이론이었어요. 스승과 제자 사이였던 두 사람은 여러 가지 감각 자료를 사용해 감각을 자극시키는 방법으로 지적 장애아들을 치료했어요. 나는 이 방법이 아주 효과적이라고 생각했어요. 그래서 교육학을 다시 공부하며 세갱이 만든 감각 자료를 더욱 발전시켜 학교 교육에 적용해 보았지요. 마침 나는 1899년부터 국립 특수 아동 학교에서 일하고 있었거든요.

작가 공부하는 걸 정말 좋아하나 봐요.

마리아 몬테소리 자, 들어 봐요! 지적 장애가 있는 여덟 살짜리 어린이 환자 몇몇이 내게 치료를 받은 뒤에 나라에서 시행하는 읽기와 쓰기 시험에 나갔는데, 일반 아이들과 비슷하거나 혹은 더 좋은 성적으로 합격했던 거예요.

작가 모두들 깜짝 놀랐겠군요? 몬테소리 당신도요.

마리아 몬테소리 그런데 나는 그보다 더 놀랍고 궁금한 게 있었어요. 도대체 지적 장애가 없는 일반 어린이들이 불행한 나의 어린 환자들과 같거나 낮은 수준에 머물게 된 원인은 무엇일까 하는 거요. 나의 연구는 이제 다시 일반 어린이의 교육으로 옮아갔지요.

작가 우아! 당신은 정말 잠시도 생각을 멈추지 않는군요. 하지만 나는 그때 당신이 모든 일을 그만둔 걸 알고 있어요. 이탈리아 최초의 여성 의사로서 당당히 진료를 하던 병원 일도 그만두고, 국립 특수 아동 학교의 교장직도 다 그만둔 1901년의 일이오. 모든 것이 잘되어 가고 있었는데, 대체 무슨 일이 있었던 거죠?

마리아 몬테소리 그때는 정말 내 인생에서 가장 힘들었던 때가 아니었나 생각해요. 나는 정신과 병동에서 함께 근무하던 주세페 몬테사노라는 의사와 사랑에 빠졌어요. 주세페와 나는 서로의 꿈에 대해 많은 이야기를 나누었지요. 그러나 집안의 반대로 결혼할 수 없었기 때문에 그렇다면 평생 누구와도 결혼하지 말자고 약속했어요. 그런데 주세페는 결국 그 약속을 지키지 못하고 다른 여자와 결혼을 하더군요.

나는 몹시 절망했어요. 아들 마리오를 혼자 낳기로 결정하기까지 얼마나 괴로웠는지 몰라요. 하지만 나는 내 손으로 마리오를 기를 수 있는 형편이 아니어서, 마리오를 시골에 사는 젊은 부부에게 맡겼지요. 나의 앞날을 걱정하는 부모님과 친구들의 충고를 따를 수밖에 없었던 거예요. 아마도 평생 딱 한 번, 이때 나의 고집을 꺾었던 것 같아요.

작가 저런! 정말 힘든 결정이었네요. 그래서 모든 걸 그만두고 다시 대학에서 철학 공부를 시작한 거예요?

마리아 몬테소리 내게는 시간이 필요했어요. 또, 새로 관심이 생긴 분야의 공부도 꼭 필요했고요. 철학과 인류학, 교육학 등을 공부하면서 일반 어린이들에게 쓰일 나만의 교육 방법을 계속 연구했지요. 가끔은 시골에 맡겨 둔 마리오를 보러 가기도 했어요. 그 아이를 오래 안아 줄 수는 없었지만……. 아, 얼마나 귀여운 아기였는지! 당신도 보았더라면 틀림없이 반하고 말았을 거예요.

몬테소리 교육법을 실천한 '어린이집'

작가 자, 그 유명한 '어린이집' 이야기도 해야지요. 바로 그곳에서 일어난 놀라운 기적이 오늘날의 당신을 있게 했지요?

마리아 몬테소리 아니요! 그건 기적이 아니라 아주 자연스러운 결과였어요. 내가 한 일이라고는 아이들 스스로 자신의 잠재력을 끄집어내도록 조금 도와준 것뿐이에요.

그것은 1907년의 일이었어요. 로마의 빈민 지역인 산 로렌초 가에 가난한 노동자들을 위한 아파트가 지어졌지요. 이곳의 부모들은 아침에 일을 나가 저녁때가 되어야 집으로 돌아오는데, 하루 종일 혼자 남겨진 아이들이 아파트 여기저기에 낙서를 하거나 시설물을 부수는 등 말썽을 피운 거예요. 그래서 골머리를 앓던 아파트 건축

업자들이 아이들을 맡아 줄 탁아소와 탁아모를 생각해 냈지요. 그 사람들은 내게 아파트 1층에 빈방 하나를 내어 줄 테니, 아이들을 모아 놓고 돌봐 달라고 제안했어요.

작가 맞혀 볼게요. 당신은 그 아이들에게 그동안 지적 장애아들을 치료하며 발전시킨 당신의 교육 방법을 실험해 본 거죠?

마리아 몬테소리 바로 그거예요! 하지만 내가 이 일을 맡는 것을 동료들은 이해하지 못했어요. 그 무렵 나는 다시 대학에 복직하고 병원에도 나가고 있었는데, 친구들은 왜 그렇게 하찮은 일을 하느냐며 나를 비난했지요. 하지만 이미 아이들을 위해 일생을 바칠 것을 결심한 나는 이것이 바로 기회라는 것을 알았어요.

나는 우선 그 아파트에 사는 믿음직한 여자를 골라 나의 지도와 지시를 따르게 했어요. 어린이집 교사를 뽑은 거예요. 내가 늘 어린이집에 갈 수는 없으니 아이들에겐 교사가 필요했지요. 교사에게 특별한 제한이나 임무는 없었어요. 다만 깨끗한 부엌에서 음식을 만들어 먹이고 장난감과 내가 개발한 학습 교구를 풍부하게 내준 다음, 아이들의 행동에는 간섭하지 말 것을 부탁했지요. 아이들의 몸 크기에 맞는 가구도 들여놓았고요. 그런 다음 나는 충분한 시간을 갖고 아이들의 행동과 그 변화를 관찰했지요.

작가 여러 자극들에 대해 아이들의 반응이 시작되었죠? 그 말썽꾸러기들이 어떻게 변하던가요?

마리아 몬테소리 처음 어린이집에 온 아이들 중에는 겁에 질려 우는 아이들이 많았어요. 무서워하거나 부끄럼을 타는 아이들도 있었고요. 반항적인 아이들은 잔뜩 화가 나 있었지요. 하지만 아이들은 점점 자기 주변에 널려 있는 다양한 교구에 관심을 보이며 그것들을 가지고 놀기 시작했어요. 크기가 점점 작아지는 정육면체로 탑을 쌓거나, 구멍의 모양과 똑같은 모양의 기둥을 끼워 넣는 작업을 성공

할 때까지 엄청난 집중력으로 몇 번이고 되풀이했지요.

　어느 날, 나는 한 여자아이가 마흔네 번이나 똑같은 작업을 반복하는 것을 보았어요. 주위의 시끄러운 노랫소리에 한 번도 정신을 흩뜨리지 않고 오로지 그 작업만을요! 그렇게 교구를 이용한 지각과 조작의 작업이 단계별로 진행되면서 아이들은 스스로 수준을 높여 갔어요.

　또, 영양가 있는 음식으로 식사를 하고 함께 운동을 하며 훨씬 건강해진 아이들은 서로한테 관심을 보이기 시작했어요. 아이들은 서로 달랐지만 함께 이야기하고 어울려 놀면서 자연스럽게 친구가 되었어요. 서로를 충분히 이해하고 즐겁게 받아들였지요. 아이들이 지닌 인격은 놀라울 만큼 훌륭했어요. 어른들이 아이들의 인격을 존중하기만 한다면 더욱 그랬지요.

작가　하지만 아이들이 스스로 조용해질 때까지 기다린다면, 그 교실은 난장판이 되지 않을까요?

마리아 몬테소리　어른들이 먼저 아이들을 믿어야 해요. 나와 똑같은 감정을 느낄 줄 알고 자기 잘못을 고쳐 나갈 줄 아는 아이들에게 기회를 충분히 주는 것이 중요하지요. 시끄러운 교실 이야기가 나와서 하는 말인데요, 우리는 한 가지 놀이를 통해 조용히 하는 훈련을 시작했어요. 일종의 침묵 게임 같은 것이었지요.

　한번은 4개월 된 여자 아기를 맡게 되었는데, 나는 이불 속에 포옥 싸여 새근새근 숨쉬고 있는 그 아기에게 큰 감동을 받았어요. 그래서 다른 아이들에게 말했어요.

"쉿! 이 아기의 숨소리를 좀 들어 보렴. 너희들은 아무도 이 아기만큼 조용히 숨쉬지 못하겠지?"

순간 방 안 가득 침묵이 흘렀어요. 아무도 움직이지 않았고, 아무도 말하지 않았지요. 아이들은 어느새 스스로 게임을 시작한 거예요. 아이들이 처음으로 느낀 강한 침묵은 그들을 명상으로 이끌었어요. 우리는 아주 조용한 상태에서 지금까지 느끼지 못했던 물방울 떨어지는 소리와 새들이 지저귀는 소리를 들을 수 있었지요.

결국 이 게임은 명상 훈련이라는 교과르 만들어졌어요. 아이들을 통해 나는 이 침묵 게임이 높은 수준의 자제력과 사회적인 능력을 기르는 데 아주 효과적이라는 것을 배웠어요. 아이들이 오히려 나를 가르쳤던 거예요.

작가 어린이집에서는 또 어떤 교육을 실시했나요? 설마 억지로 공부를 시킨 건 아니겠죠? 요즘엔 아주 어린 아기들한테도 글자랑 숫자를 가르치려고 드는 부모님이 있거든요.

마리아 몬테소리 내가 경험한 아주 놀라운 이야기가 있답니다! 스펀지가 물을 빨아들이듯 빠르고 힘차게 모든 지식을 흡수하는 아이들의 이야기예요. 실제로 나 역시 읽기, 쓰기의 기술은 여섯 살이 되기 전에는 가르쳐서 안 된다고 생각하고 있었어요. 그런데 아이들이 먼저 나에게 가르쳐 달라고 요구했지요. 사물을 관찰하고 손으로 조작하는 법을 아는 서너 살짜리 아이들은 놀랍게도 칠판에 'O' 자를 그려 보이며 쓸 수 있다고 말했어요.

곰곰 생각한 끝에, 나는 종이 글자를 만들어 마분지 상자에 잘 정리해 넣어 두었어요. 그런 다음 그 종이 글자들을 아이들과 함께 하나씩 가지고 놀기 시작했어요. 어떻게 읽는지 알고 나면 아이들은 곧 소리에 대한 글자를 구별하고 쓸 수도 있었지요. 몇 주일이 지나 모든 글자의 음들을 배우고 그것들을 연결시켜 단어를 만들었는데, 아이들은 보통 교구를 가지고 놀 때처럼 스스로 반복하면서 종이 글자의 형태를 이해했어요. 그러고 나서는 모든 것이 한꺼번에 가능해졌지요.

내가 한 아이가 그린 집을 내려다보고 있는데, 그 아이가 웃으며 자랑스레 말했어요.

"나는 쓸 수 있어요, 쓸 수 있어요!"

그러고는 그림 옆에 'MANO(손), CAMINO(굴뚝), TETTO(지붕)'라고 썼어요. 그 다음엔 구경하던 다른 아이들이 소리쳤지요.

"나도! 나도요."

아이들은 앞다투어 분필을 달라고 했어요. 그리고 여기저기 글씨를 쓰기 시작했지요.

오! 그때 느낀 감동을 짐작할 수 있겠어요? 처음으로 글씨를 써

본 아이들은 막 달걀을 낳은 암탉처럼 소리 지르며 기뻐했어요. 이어 아이들은 기쁨이 가득한 얼굴로 쉴 새 없이 글씨를 써 내려갔지요. 바로 이 시기가 글씨 쓰기가 폭발하는 '민감기'였던 거예요. 읽기는 쓰기 이후에 훨씬 잘 배울 수 있다는 것도 그때 알았어요. 글자를 읽는 아이들의 눈은 함께 놀 친구를 만난 것처럼 빛났어요. 나는 아이들이 갖고 있는 엄청난 에너지에 깜짝 놀랐어요. 아이들이 원하는 것은 시시한 게임이 아니라 지식이었던 거예요.

작가 스스로 즐겁게 배운 아이들이네요. 결국 변화된 그 아이들이 세상을 깜짝 놀라게 한 거로군요. 아이들의 눈높이에 맞춘 당신의 교육 방법은 무조건 주입식으로 가르치고 훈련시키던 그때까지의 교육과 너무나 달랐으니까요. 하지만 내 생각엔 어린이집의 성과에서 빠뜨리면 안 될 중요한 두 가지가 더 있는 것 같아요. 바로 부모님들의 변화와 여자들의 응원이오.

마리아 몬테소리 아! 정말 잘 말해 주었어요. 나는 어린이집에 자기 아이를 맡긴 부모들에게 최소한 일주일에 한 번은 꼭 교사와 이야기 하도록 했어요. 부모들은 아이에 관한 생각들을 교사와 나누며 점점 변하는 아이들에 맞춰 자신들도 변해 갔지요. 어머니는 더 깨끗한 환경에서 깊은 사랑으로 아이를 보살피고, 아버지는 아이를 보며 더

민감기

몬테소리 교육에서 '민감기'는 주로 태어나서부터 6세 정도에 해당한다. 아이가 어떤 행동을 보다 잘 받아들이고 특정 기술을 보다 쉽게 배울 수 있는 기간을 말하는데, 한번 지나가면 다시는 같은 강도의 민감기가 나타나지 않는다고 한다. 몬테소리가 분류한 바에 따르면, 질서에 대한 민감기는 주로 2~4세에 집중적으로 나타나며, 작은 물건에 대한 민감기는 1~2세, 언어에 대한 민감기는 생후 4개월~5세 반 무렵까지 계속된다고 한다.

큰 용기를 냈어요. 사랑이 넘치는 가정이 사회를 바람직하게 변화시킬 수 있다는 나의 생각도 더 큰 믿음을 얻었지요. 어린이집처럼 어머니 역할을 함께 나누는 사회가 될수록 진정한 여성 해방도 이루어진다는 확신도 섰고요. 내가 수많은 여성들에게서 셀 수도 없을 만큼 많은 격려의 편지를 받은 것은 아마도 이것 때문이 아닐까 생각해요.

작가 이탈리아의 마르게리타 여왕님도 당신의 팬이었죠? 그분도 어린이집에 견학을 오셨다면서요? 어린이 교육에 관심이 있는 전 세계 사람들도 몰려오고요.

마리아 몬테소리 네, 여왕님은 문화적으로 소외된 가난한 계층의 아이들이 학습 의욕이 넘치는 자율적인 아이들로 변한 것에 감탄했어요. 재미있는 건 여왕님이 네 살짜리 여자아이한테 무시를 당하셨다는 거예요. 마침 그 아이는 정사각형과 원을 맞추는 교구 놀이에 푹 빠져 있었거든요. 여왕님이 그 아이의 입맞춤과 인사를 받은 것은 한참 뒤, 그 아이의 놀이가 끝난 다음이었지요.

여왕님 말고도 아주 많은 사람들이 어린이집을 방문해서 아이들을 관찰하고 나와 이야기를 나누었어요. 그중에서 내게 가장 중요했던 손님은 바로 나의 교육 방법을 알고자 하는 여성들이었어요. 가르치고 싶은 열정과 어린이를 사랑하는 마음이 누구보다 강했던 이 여성들은 몬테소리 교사가 되고 싶다며 내게 도움을 청했지요. 이들

〈몬테소리 교육법〉에 실려 있는 교구들.

을 보고 나는 깨달았어요. 어머니와 교사로서의 자질을 충분히 지니고 있는 이 여성들을 교육시키는 것이 바로 우리 아이들을 좀더 나은 교육 환경으로 안내하는 가장 중요한 디딤돌이라는 것을요.

작가 그래서 1909년에 〈몬테소리 교육법〉이라는 책을 낸 다음부터는 몬테소리 교사를 길러 내는 데에만 온 힘을 쏟게 된 거로군요. 의사와 대학 교수직도 그만두셨고요.

마리아 몬테소리 그래요. 나는 내가 알고 있고 실제로 행동에 옮긴 여러 교육 방법들을 사람들에게 일러 주고 싶었어요. 어린이집을 방문한 사람들은 주로 이런 것들이 궁금했던 것 같아요.

"누가 너에게 쓰는 것을 가르쳐 주었니?"

그러면 아이들은 어리둥절해하며 대답했지요.

"아무도 안 가르쳐 주었어요. 나 혼자 배웠어요."

나는 이것을 '자동 교육'이라고 불렀는데, 실제로 아이들은 이렇게 스스로를 발달시켜 나가지요. 그러니 나의 교육 방법에서 교사는 가르치는 사람이 아니라 관찰하는 사람이에요. 아이가 하나의 인격체로서 자유롭게 스스로를 개발할 수 있는 환경을 만들어 주는 사람이지요. 그러려면 나의 생각과 방법들을 체계적으로 훈련받고 받아들여야 했지요.

작가 얼마나 많은 사람들이 당신의 제자가 되었나요? 이탈리아뿐만 아니라 전 세계적으로 당신의 제자들이 퍼져 나갔지요?

마리아 몬테소리 처음에는 로마의 어린이집으로 찾아온 여성들을 중심으로 가르쳤어요. 나의 생각과 어린이집의 교육 방법을 배운 여성들은 자기 나라로 돌아가 어린이집을 세웠지요. 그중 프랑스, 스위스, 독일, 오스트리아, 벨기에 같은 유럽이 먼저였어요.

그런데 1911년 미국 뉴욕에 처음 문을 연 몬테소리 어린이집이 2년도 채 안 되어 100곳도 넘는다는 소식을 듣고는 걱정이 많이 되었어요. 그들은 내게 배우지 않았고, 나의 생각이나 방법대로 가르치지 않으면서 나의 이름을 쓰고 있었지요.

작가 당신의 어머니가 돌아가신 것도 그 즈음이었죠?

마리아 몬테소리 네, 1912년에 사랑하는 어머니가 돌아가셨지요. 어머니는 나의 가장 든든한 후원자이자 내지 가장 엄격했던 분이었어요. 내가 의대에 다닐 때, 나는 늘 어머니와 함께였어요. 어머니는 무거운 전공 책을 들고 다니기 편하게 나누어 묶어 주시고, 시험 공부를 하는 내 곁에서 밤을 꼬박 새우기도 하셨지요. 개인 병원 일도 많이 도와주셨고요.

나에게 언제나 아낌없는 사랑을 베풀어 주시며 더 훌륭하고 멋진 여성이 되라고 응원해 주셨던 어머니를 여읜 슬픔이 너무 커, 나는 이후로 거의 검은색 옷만 입었어요. 하지만 나는 한 가족을 잃은 대신 또 다른 가족을 얻었어요. 어머니가 살아 계셨으면 절대 허락하지 않으셨겠지만…… 나는 1913년에 시골에 맡겨 둔 마리오를 집에 데려왔어요. 이제 열다섯 살이 된 늠름한 내 아들 마리오를요.

독립심을 길러 주는 일상생활 연습

몬테소리는 교구 활동 못지않게 일상생활 연습을 강조했다. 몬테소리가 직접 설계한 어린이집의 목욕탕은 칸을 분리해서 한꺼번에 많은 아이들을 목욕시킬 수 있게 만든 위생적인 시설이었는데, 아이들은 종종 이 목욕탕의 타일 바닥을 청소하는 일을 함께했다. 아이들의 몸 크기에 맞게 만들어진 가구와 세면대, 정리함, 칠판 등을 닦는 일도 있었다. 스스로 세수를 하거나 옷을 입고, 함께 운동을 하거나 정원을 가꾸고, 식물이나 애완동물을 기르고, 공동으로 식사 준비를 하는 일들은 독립성과 사회성을 길러 주는 가장 기본적인 일상생활 연습이었다.

이런 일들은 남녀 어린이가 똑같이 나눠 했는데, 12~13세 정도의 남자 아이들에게는 아기를 돌보는 연습도 시켰다. 아기에게 젖병을 물리고 보행기를 밀어 주는 것을 부끄러워하지 않는 아버지가 되는 연습을 어릴 때부터 하게 한 것이다.

나의 잘못들에 대하여

작가 정말 잘도 었네요. 1913년에는 미국에서 강연도 했었지요? 그때부터 세계적으로 더 유명해졌고요.

마리아 몬테소리 그래요. 나는 미국의 여러 도시를 돌아다니며 강연을 했어요. 다양한 인종들이 모여 사는 미국은 내게 아주 흥미로운 나라였어요. 국적과 문화적 배경이 다른 아이들이 모여 있는 학교라니…… 내게는 몬테소리 교육의 실험실처럼 여겨졌죠. 나는 이 나라의 높은 교육열과 자유스러운 분위기, 그리고 교구 제작이 활발히 이루어지는 환경에 놀랐어요. 특히 미국은 아주 부강한 나라여서 내가 한 연설이나 강연의 높은 호응이 전 세계적으로 큰 영향을 미치더군요.

실제로 나는 이 가능성의 나라에서 나의 교육 운동을 후원하겠다는 제안을 여러 차례 받았지만, 결국엔 미국에 정착하지 않고 이탈리아로 돌아왔어요. 그리고 로마에서 첫 번째로 몬테소리 교사를 길러 내기 위한 국제 연수 과정을 시작했지요. 이제 몬테소리 교육은 세계 어디에서 하든 나 몬테소리에게 정규 과정을 교육받은 교사만이 할 수 있는 조직과 운영 체계를 만든 거예요.

작가 당신이 이탈리아로 돌아온 이유를 알 것 같아요. 역시 아드님 때문이었죠? 홀로 남은 아버지도 돌봐 드려야 했고요.

마리아 몬테소리 그래요. 내게는 아들 마리오와 아버지가 있었지요. 또, 나를 따르는 많은 제자들도 있었고요. 나는 그들을 생각해야 했

사랑하는 나의 아들 마리오를 소개합니다

몬테소리는 미국의 개방적이고 자유스러운 분위기를 무척 마음에 들어 했다. 1915년, 미국 연수에 마리오를 데려간 몬테소리는 샌프란시스코에서 마리오를 공식적으로 소개했다. 처음에는 몬테소리의 조카로, 나중에는 양자로 소개되었던 마리오는 이후 더 이상 아들의 존재를 숨기지 않는 어머니를 위해 국제 몬테소리 협회를 만들어 몬테소리의 교육 사업을 더욱 발전시켰다. 아버지의 이름을 딴 몬테소리의 손자 마리오 주니어 역시 할머니 곁에서 그 이론과 방법을 지켜 냈는데, 마리오 주니어는 현재 유아 발달 이론에 관심을 가진 정신분석학자로 활동하고 있다.

어요. 하지만 또 다른 이유도 있어요. 나는 나의 교육 이념과 방법을 사업화하고 상업적으로 계산하는 일에 어두웠어요. 어떤 것이 더 현명한 선택인지 판단하기 힘들었지요. 나는 미국이란 거대한 자본주의 나라에서 좋은 사람들도 많이 만났지만, 한편으로는 나를 돈벌이로 이용하려고 했던 사람들도 만났던 거예요.

작가 에스파냐와 네덜란드 쪽은 어땠나요? 나는 당신의 교육 방법이 그 두 나라에서 특별히 더 영향력이 있었다는 것을 알고 있어요.

마리아 몬테소리 몬테소리 교육 운동이 국제화되면서 나는 세계 여러 나라를 방문하는 것이 일이었어요. 로마에 집이 있었지만, 아버지가 돌아가신 1915년 이후로는 이탈리아에 머무는 날이 갈수록 줄었지요. 나는 아들 마리오와 함께 여러 나라를 돌아다니며 나의 교육법을 설명하고 교사들을 길러 냈어요. 그중에서도 에스파냐와 네덜란드는 내게 아주 특별한 나라가 되었지요. 제1차 세계 대전 중인 1916년, 나는 에스파냐의 바르셀로나로 갔어요. 완벽한 교육 환경이 갖춰진 그곳은 20여 년 동안 내 집이 되었지요.

작가 당신은 교육학자로서 제1차 세계 대전이라는 끔찍한 전쟁에 대해 어떤 책임감을 느꼈나요?

마리아 몬테소리 나는 이런 일들이 잘못된 교육을 받아 잘못된 생각을 하게 된 아이가 어른으로 자라 만들어 낸 문제라고 생각했어요. 네덜란드에서 강의나 연수를 할 때도 그런 이야기들을 많이 했지요.

실제로 제1차 세계 대전이 끝난 1918년부터 사람들은 부끄러운 전쟁의 역사를 지울 새로운 어린이 교육을 찾으려고 했고, 특히 영국에서는 나의 교육법에 큰 기대를 걸며 나를 초청해서 어린이 교육을 맡아 달라고 부탁하기도 했어요.

작가 하지만 세계 대전은 또 일어났고, 지금도 세계는 전쟁 중인 곳이 아주 많아요. 게다가 당신은 제2차 세계 대전을 일으킨 이탈리아의 독재자 무솔리니에게 협력하기도 했잖아요. 나는 그때의 당신 태도를 이해하기 힘들어요. 도대체 왜 그랬나요?

마리아 몬테소리 그때 나는 아주 혼란스러운 상태였어요. 자꾸만 전쟁에 깊이 빠져드는 나의 조국이 두렵고 무서웠지요. 이탈리아에 돌아가고 싶어도 내 아들 마리오가 군대에 끌려가게 될까 봐 못 갔어요. 무솔리니는 그런 나의 사정을 알고 나와 마리오를 도와주겠다고 했지요. 그 바람에 이탈리아 어린이들의 교육을 다시 맡아 달라는

무솔리니의 제안을 별 생각 없이 받아들였어요. 전쟁으로 힘들어진 상황에서 고국의 어린이들을 돌보는 일은 당연하다고 생각했지요.

  하지만 나는 정말 어리석었어요. 전쟁을 일삼는 뻔뻔스러운 독재자에게 기대어 어린이를 교육한다는 것이 무엇을 의미하는지 분명히 알았어야 했어요. 정치에는 절대 개입하지 않겠다는 원칙을 정하고 스스로 지킨다고 생각했지만, 결과적으로는 그들에게 동조하고 협력한 것이 되고 말았지요.

작가 당신은 스스로 '비정치적'이라고 고집했지만, 그 때문에 결국은 꼭 짚고 넘어가야 할 것들을 생각하지 못한 건 아닌가요?

마리아 몬테소리 그래요. 그것은 변명의 여지가 없는 나의 실수였어요. 무솔리니 정부가 남학생들을 파시스트 청년단으로 조직하면서 그 제복을 교복으로 할 것과 학교에서 파시스트 경례만을 해야 한다는 명령을 내렸을 때, 나는 그제야 깨달았어요. 내가 아주 큰 잘못을 했다는 것을요.

나는 나의 교실에서 그 같은 명령을 받아들일 수 없다고 거절했고, 그 이후로 나와 무솔리니 정부와의 마찰은 계속되었어요. 나와 뜻을 같이하는 몬테소리 교사들도 대부분 파시즘을 반대했기 때문에, 결국 1934년 이탈리아에서 몬테소리 교육법이 모두 금지되었지요.

작가 늦게라도 당신의 잘못된 행동을 되돌릴 수 있게 되어 정말 다행이에요. 이탈리아를 떠난 뒤에는 어떻게 지냈나요?

마리아 몬테소리 내전 때문에 제2의 고향이었던 바로셀로나에는 더 이상 머물 수가 없었어요. 그래서 1936년, 네덜란드에 정착했어요. 네덜란드는 전쟁 중에도 몬테소리 교육 운동이 활발하게 전개되었던 특별한 나라지요. 나는 1929년에 나의 아들 마리오가 덴마크에 설립한 국제 몬테소리 협회도 점차 네덜란드 암스테르담 쪽으로 옮겨 올 수 있도록 준비했어요.

네덜란드에서도 내가 하는 일은 지금까지와 별로 다르지 않았어요. 여러 나라를 돌아다니며 강연을 하고, 내게 배우러 오는 교사들을 가르쳤지요. 교구에 대한 연구도 계속하고요.

작가 국제 몬테소리 협회는 무슨 일을 했나요?

마리아 몬테소리 나의 교육 운동과 교육 사업에 관련된 모든 조직을 관리하는 일을 했어요. 전 세계의 몬테소리 학교는 물론이고, 크고 작은 몬테소리 연구소와 단체들이 벌이는 여러 일들을 감독하고 교사를 연수하는 과정도 관리했지요. 또한 책이나 교구 등을 제작하고 판매하는 권리를 지배하는 회사 역할도 했고요.

작가 당신의 교육법이 점점 세계화되고 조직화된 것은 멋진 일이지만, 너무 당신의 방법만을 강조하는 것은 아닌지 생각해 본 적은 없나요? 실제로 많은 사람들이 당신의 교육법을 비판할 때마다 그런 말을 하는 것을 들었어요. 당신의 교육 방법에는 지나치게 몬테소리 개인이 강조되어 있다고요. '몬테소리'라는 이름으로 꽉 묶여진 교구와 방법들을 당신이 정한 대로만 쓸 것을 요구하면서 교사 개개인의 창의적인 부분도 많이 제한하고요.

마리아 몬테소리 그런 비판들이 있다는 것을 잘 알고 있어요. 그러나 나의 이념이나 실천에 대한 생각들은 지금도 거의 변함이 없답니다. 물론 나는 어린이와 어른이 함께 어울려 살아가는 여러 복잡한 생활의 문제들을 두루 생각하지는 못했어요. 하지만 어린이를 중심으로 하는 학교 생활의 질을 높이고, 보다 자유롭고 효과적으로 공부할 수 있는 방법을 제시했다고 믿어요. 나는 내가 하려는 일의 맨 앞에 서 있었고, 나와 어깨를 맞대고 함께 걸어갈 사람이 없었어요.

나는 나에게 배운 제자들이 나의 교육 방법에서 어떤 핵심만을 취하고 다른 방법들을 이용해 어린이들을 교육하는 걸 보면서 배신감을 느꼈어요. 시간이 지나 그 제자들을 다시 만났을 때 나는 그들을 용서하고 안아 주었지만, 그들이 옳다는 생각은 들지 않았어요.

작가 하지만 당신 뒤에는 언제나 당신을 보살피며 함께 걸었던 든든한 아드님이 있었잖아요.

마리아 몬테소리 아, 정말 그랬어요! 마리오는 이제 나보다 훨씬 멋지게 나의 일을 이끌어 가는 어른이 되었어요. 무엇보다 나의 아들은 이 어미에게 세상에서 가장 값진 보석을 네 번이나 선물했답니다. 마리레나, 레니들, 롤랜도, 그리고 작은 마리오까지!

나는 네 명의 손주들에게 둘러싸여 하루 종일 먹고 떠들고 소풍을 가고 바닷가로 수영도 갔어요. 노래하고, 춤추고, 달리는 젊은 사람들을 바라보는 것만으로도 나는 즐거웠어요. 그래요, 나는 마침내 할머니가 된 거예요.

쉬라고? 왜, 무엇 때문에?

작가   하지만 보통 할머니처럼 살지는 않으셨던 걸요. 일흔 살의 나이에 인도까지 가셨잖아요.

마리아 몬테소리   나는 여행을 두려워하지 않았어요. 돌아보면 내 인생에서 여행은 그저 하루하루의 일상과 같은 것이었지요. 1939년에는 인도의 종교 단체인 신지학 협회의 초청을 받아 마리오와 함께 인도에 갔었어요. 나는 인도의 신비로움에 아주 큰 매력을 느꼈어요. 특히 사람의 영혼이 신을 알게 됨으로써 점점 자아를 깨닫고 궁극적인 지혜를 얻게 된다는 자기 실현의 종교 교리는 나의 생각과도 통하는 부분이었지요.

작가   그래서 인도에 7년이나 머무르셨던 거예요? 거기서 교사들을 천 명도 넘게 길러 내셨다면서요?

마리아 몬테소리 제2차 세계 대전 동안 나는 내내 인도에 머물렀어요. 인도에서 보낸 7년은 아주 뜻깊은 시간이었어요. 타고르와 간디 같은 인도의 지도자들이 따뜻하게 나를 환영해 주었고, 나에게 배우려는 열성이 가득한 사람들을 아주 많이 만났으니까요.

인도에는 고집스럽게 지켜지는 '카스트'라는 신분 제도가 있는데, 나의 교육법은 신분이 다른 어린이들이 한 교실에서 조화롭게 지내는 모습을 보여 주었지요. 물론 인도에는 크고 작은 민족 분쟁이 끊이질 않았지만, 그들의 생명력과 지혜만큼은 나에게 큰 감명을 주었어요.

작가 전쟁이 끝나자 다시 이탈리아로 돌아오셨죠?

마리아 몬테소리 무솔리니 정권이 무너진 나의 조국 이탈리아는 새로운 정신을 필요로 했어요. 나는 교육 분야에서 그 힘을 보탤 수 있을 거라고 생각했어요. 사실, 이런 문제는 꼭 이탈리아만의 것이 아니었어요. 세계는 두 번의 전쟁을 겪었고, 이제 다시는 전쟁을 되풀이하지 않을 새로운 마음가짐이 필요했지요. 나는 노르웨이와 스웨덴 등 스칸디나비아 반도를 포함한 유럽 곳곳의 몬테소리 학교를 돌아다니며 강의와 연수를 계속했어요.

작가 우아, 정말 지칠 줄 모르는 위대한 할머니로군요! 도대체 당신을 이끌던 에너지는 무엇이었나요?

마리아 몬테소리 나는 일하는 것, 그 자체가 좋았어요. 아무 일도 하지 않는다면 그야말로 쓸모없는 사람이 되는 것이지요. "좀 쉬세요!"라는 말을 들을 때마다 나는 이렇게 되물었어요. "쉬라고? 무엇 때문에?" 나는 내 일생 동안 겪었던 슬프고 어렵고 힘든 문제들을 모두 일을 하며 이겨 냈어요. 교육자로 일하는 것은 하느님이 내게 주신 사명이라는 걸 알았거든요. 바로 그것이 나의 에너지였지요.

그리고 또 있어요! 내가 교사들을 길러 내며 더욱 힘을 낼 수 있었던 이유는 나를 쳐다보는 제자들의 초롱초롱한 눈 때문이었지요. 독립하려는 소망과 배움을 향한 열정, 그리고 나에 대한 순수한 믿음, 나는 바로 그것들을 지켜 주어야 했어요. 제자들이 아니었다면 지금의 나도 없었을 거예요.

작가 혹시 일 때문에 스트레스를 받은 적은 없었나요? 만약 그랬다면 스트레스를 푸는 특별한 방법이 있나요?

아들 마리오와 함께한 몬테소리.

마리아 몬테소리 커다란 앞치마를 두르고 화장실의 타일 바닥을 닦는 거예요. 빡빡 소리가 나게요. 광이 나도록 은접시를 닦는 것도 좋아요. 기분까지 반짝반짝 윤이 난답니다. 실제로 나는 마지막 눈을 감던 그날까지 청소나 설거지 같은 일상의 작은 일들에서 새로운 힘을 얻곤 했지요.

작가 그날을 기억하나요?

마리아 몬테소리 그럼요. 1952년 5월 6일이니까, 나의 여든두 번째 생일을 석 달쯤 남겨 둔 때였지요. 사실, 그날 나는 아들과 조금 다투었답니다. 아프리카로 가서 그곳에 알맞은 교육 제도를 만드는 일을 계획하고 있던 나에게 마리오가 그러지 않았으면 좋겠다고 말렸거든요. 마리오는 내게 건강을 생각해야 한다면서 강의 시간도 더 줄이라고 했어요. 나는 한숨을 쉬며 아들에게 화를 냈어요. "그럼 나는 이제 더 이상 아무짝에도 쓸모가 없단 말이냐?" 하고 소리를 질렀지요. 그런데 좀 참았으면 좋을 걸 그랬어요. 나는 그 말을 한 지 한 시간도 안 되어서 하느님의 부름을 받았거든요.

작가 돌아가신 곳은 네덜란드였지요?

마리아 몬테소리 그래요. 나는 네덜란드 노르트바이크안제라는 작은 시골 마을의 교회 묘지에 내가 묻힐 자리를 마련했어요. 그리고 유언장을 통해 나의 아들 마리오에게 나의 모든 것을 물려주라는 뜻을 밝혔지요. 나에게 항상 힘을 주고 평생을 내 곁에서 헌신한 마리오야말로 몬테소리 교육을 계속해서 발전시켜 나가기에 가장 알맞은 사람이었으니까요.

당신의 이야기를 쓰고 싶어졌어요

마리아 몬테소리 자, 나의 이야기는 여기까지예요. 나에게 계속 묻기만 했으니까 이번엔 한번 대답해 봐요. 고집쟁이인 내가 여전히 당신 마음에 들지 않나요?

작가 나는 당신의 어떤 점은 존경하고, 또 어떤 점은 그렇지 않아요. 하지만 변한 것은 있어요. 나는 당신의 이야기를 쓰고 싶어졌어요. 나한테 해 준 그 모든 이야기들을 어린 친구들한테도 꼭 들려주고 싶어요.

마리아 몬테소리 당신은 언제나 솔직한 대답만 하는군요. 그런데 어린 친구들도 나의 이야기에 관심을 기울여 줄까요?

작가 그럼요! 당신이 아이들을 믿고 존중했던 것처럼, 어린 친구들

평생 동안 사랑한 어린이들에 둘러싸여 있는 만년의 몬테소리.

의 마음속에 있는 잠재력이 '몬테소리'를 판단할 거예요. 우리는 단지 그것을 겸손하게 지켜볼 뿐이죠.

마리아 몬테소리 정말 그렇군요. 고맙습니다.

작가 저 역시 고맙습니다. 열심히 쓰겠습니다.

마리아 몬테소리의 생애

1870년 8월 31일, 이탈리아 안코나 주의 키아라발레라는 작은 도시에서 안정된 중산층 가정의 외동딸로 태어남.

1886년 16세 국립 레오나르도 다 빈치 기술 고등학교에 입학함.

1890년 20세 로마 대학 의학부에 입학함.

1896년 26세 이탈리아 여성 최초로 의학 박사 학위를 받음.
베를린에서 열린 국제 여성 회의에 이탈리아 대표로 참석함.
로마 대학 부설 정신과 병동에서 수련의로 일하며 지적 장애 아동 문제에 특별한 관심을 갖고 공부를 시작함.

1897년 27세 교육학을 공부하며 치료 교육학의 선구자인 이타르와 세갱의 이론과 방법을 더욱 발전시켜 실제 교육에 적용해 나감.

1898년 28세 아들 마리오를 낳지만 시골의 젊은 부부에게 양육을 맡김.

1899년 29세 국립 특수 아동 학교인 로마 공립 재활 학교의 교장이 됨.

1901년 31세 교장직에서 물러난 뒤 다시 로마 대학에서 철학, 인류학, 교육학 등을 공부함.

1904년 34세 로마 대학에서 인류학을 강의하며 새로운 어린이 교육 방법을 꾸준히 연구함.

1907년 37세 로마의 빈민 지역인 산 로렌초 가에서 첫 번째 '어린이집'을 열고 몬테소리 교육을 실천함.

1909년 39세 〈몬테소리 교육법〉이라는 책을 냄.

		의사와 대학 교수직을 그만두고 자신의 교육 이론을 세계에 널리 알리기 위해 몬테소리 교사 양성에 전념함.
1912년	**42세**	어머니 레닐데 몬테소리가 세상을 떠남.
1913년	**43세**	시골에 맡겨 둔 아들 마리오를 데려옴. 미국 순회 강연이 성공하면서 세계적으로 명성을 얻음. 몬테소리 교사 양성을 위한 제1회 국제 연수 과정을 로마에서 개최함. 에스파냐 바르셀로나에 첫 번째 몬테소리 어린이집이 세워짐.
1916년	**46세**	에스파냐 바르셀로나로 이주함.
1923년	**53세**	무솔리니 지배 아래 이탈리아 학교에서 몬테소리 교육을 실시함.
1929년	**59세**	아들 마리오가 덴마크에 국제 몬테소리 협회를 창립함.
1934년	**64세**	무솔리니에 의해 이탈리아 학교에서 몬테소리 교육이 금지됨.
1936년	**66세**	에스파냐 내전으로 바르셀로나를 떠나 네덜란드에 정착함.
1939년	**69세**	인도에 머물며 1천여 명의 교사를 길러 냄.
1946년	**76세**	유럽으로 돌아온 뒤 네덜란드에 머물며 전 세계로 강연을 다님.
1949년	**79세**	노벨 평화상 후보로 추대됨. 이후 두 차례 더 추대되었으나 모두 사양함.
1950년	**80세**	마리오와 함께 노르웨이, 스웨덴 등 스칸디나비아 반도로 강연을 다녔고, 이후에도 유럽 각지를 돌며 강연과 연수를 계속함.
1952년	**82세**	5월 6일, 네덜란드 노르트바이크안제라는 작은 마을에서 뇌출혈로 세상을 떠남.

MARIA MONTESSORI

GRO HARLEM BRUNDTLAND

동등하고 평등한 권리는 실제로 정치에
직접 참여하지 않으면 얻어 내기 어렵습니다.
노르웨이 정당들은 모든 정책 결정 과정에
여성이 40퍼센트 이상 참여하여야 하며,
남성과 여성 중 어느 한쪽이 60퍼센트 이상 참여할 수 없습니다.
여성의 정치 참여는 매우 자연스럽고 중요한 일입니다.

그로 할렘 브룬틀란트

행동하는 지도자 (1939~)

노르웨이의 정치가, 보건·환경 운동가.
노동당 총재로서 세 번이나 노르웨이 수상을 지냈다.
유엔 세계 환경 개발 위원회 위원장과 세계 보건 기구 사무총장이 되어
환경과 보건을 세계 각국의 정치 의제로 만드는 데 크게 공헌했다.

토론은 정말 재미있어

　북극과 가까운 추운 나라 노르웨이. 용감한 바이킹 족의 후손인 노르웨이 사람들은 누구나 탐험과 이야기를 즐긴다. 여섯 살배기 여자아이 그로 역시 마찬가지였다.
　오슬로 근처에 있는 그로네 집은 오늘도 손님들로 북적거렸다. 모두 엄마와 아빠의 친구들인 노동당 당원들이다. 어른들은 여느 때와 다름없이 열띤 분위기 속에서 많은 이야기를 주고받았다. 대부분 어린 그로가 알아듣기 어려운 말들이 꼬리에 꼬리를 물고 이어졌는데, 한 사람의 이야기가 끝날 만하면 누군가 꼭 이런 말을 했다.
　"나는 그렇게 생각하지 않네! 자, 내 말을 좀 들어 보라고."
　그게 아니라면 이런 말.
　"우리가 주장해야 할 권리는 바로 이거야."

또, 이런 말도 있었다.

"현재 노동당의 정치적 상황으로는……."

어른들의 말뜻을 제대로 알아들을 수도 없는데, 그로는 그런 이야기를 들을 때마다 이상하게 가슴이 설레었다. 특히 '권리', '생각', '정치' 같은 말들은 아주 신나고 기운차지 들렸다. 내 이야기가 남의 이야기를 데려오고, 또 남의 생각이 내 생각을 불러오고……. 마치 훌쩍 뛰어 줄을 넘고 또 줄을 넘기 위해 얼른 발을 떼는 줄넘기처

림, 서로 구르고 밀어 가며 힘을 내는 토론! 엄마랑 아빠가 열심인 정치 토론이라는 것은, 알면 알수록 더 재미있을 것만 같았다. 언젠가 그로가 엄마한테 그런 생각을 말하자, 엄마는 그로를 꼭 안아 주며 말했다.

"우리 그로가 엄마 아빠를 꼭 닮았구나!"

줄넘기만큼이나 정치 토론을 재미있어하던 그로는 일곱 살 때부터 노동당에 속한 어린이 정치 모임에 들었다. 당시 노동당은 노르웨이 국민들 사이에서 가장 인기 있는 1등 정당이었는데, 어린이 모임은 물론이고 중고등학교와 대학까지 이어지는 학생 모임이 있었다. 그로는 이 모임에 초등학교부터 대학을 졸업할 때까지 적극적으로 참여했다. 그로의 집에 모인 어른들이 끝도 없이 주고받던 정치 토론은 이제 그로와 친구들의 것이 되었다.

정치 토론은 생각만큼 어렵지 않았다. 정치는 모든 사람들이 행복하게 어울려 살기 위한 여러 약속들을 국가나 정부 차원에서 생각하고 행동하는 일이었다. 모든 사람 속에는 분명 어린이도 포함되어 있으니, 어리면 어린 대로 생각하고 행동할 수 있는 일들이 분명 있었다.

그로는 모두를 행복하게 만드는 정치가 좋았다. 몸이 자라고 생각이 자랄수록 그로의 정치에 대한 관심도 쑥쑥 자랐다. 특히 노르웨이 이야기를 넘어 세계 정치의 흐름이나 그에 따른 새로운 변화 등에 대해 이야기할 때 그로는 더욱 신이 났다.

이런 그로가 대학에서 의학을 전공하겠다고 하자 친구들은 모두 깜짝 놀랐다.

"뜻밖인걸! 나는 네가 당연히 정치학과에 갈 줄 알았어. 넌 정치 모임에서 누구보다 열심이었잖아. 그런데 뚱딴지같이 의학이라니! 혹시 의사이셨던 너희 아버지의 뜻이니?"

당시 노르웨이 노동부 장관이었던 그로의 아버지는 본래 의사로, 유엔의 재활 전문가로 활동했었다.

"아니야, 매트! 의사가 되어야겠다고 맘먹은 건 아주 어렸을 때부터인걸. 정치도 좋지만, 나는 사람들한테 직접 도움을 주는 직업을 갖고 싶어. 우리가 어렸을 때 함께 읽었던 책 기억 안 나? 〈아프리카의 성자〉!"

"아! 슈바이처 박사님?"

"그래, 나도 슈바이처 박사님처럼 의사가 되어 사람들을 돕고 싶어. 그 책을 읽은 뒤로 내 결심은 변함없었는걸."

우리 집안의 분위기상 우리는 늘 우리 자신의 이익과 관계없는 의미 있는 일을 찾아서 해야 했습니다. 아버지께서는 우리가 어떻게 하면 사회가 꼭 필요로 하는 사람이 될 수 있을까를 늘 생각하도록 가르치셨습니다. 자신을 희생해서 사회를 바꾼 사람들, 이 땅의 사회민주주의 운동가들, 수익과는 상관없이 아픈 사람들을 치료해 주었던 의사들, 그런 사람들에 대한 책을 많이 읽으며 자랐습니다. 저는 어릴 때부터 늘 인류의 권리에 대해 어렴풋이 생각했고, 우리 노르웨이뿐만 아니라 전 세계를 인류가 공유할 수 있는 곳으로 만들려는 포부를 가지게 되었습니다.

― 그로 할렘 브룬틀란트, 1989년 〈타임스〉와의 인터뷰에서

친구들은 의사가 되기로 결심한 그로가 이젠 공부에만 매달릴 거라고 생각했다. 그러나 그로는 1958년, 오슬로 대학 의학과에 입학하고 나서도 정치에 대한 관심을 놓지 않았다. 국민 모두가 행복하게 살 수 있도록 만드는 국가 제도를 각자의 입장에서 생각하고, 조정하고, 요구하는 정치에 적극적으로 참여하는 것은 책임 있는 어른으로서 마땅히 해야 할 일이었다.

서로의 생각을 주고받는 열띤 토론의 자리에는 언제나 그로가 있었다. 노르웨이 사회에 반드시 필요한 정책들을 고민하는 한 사람의 시민으로서 그로는 늘 성실하고 정열적이었다. 게다가 의사가 되겠다고 갈 길을 정하고 보니, 바로 그 분야에서 더 자세하고 예리하게 사회와 정책을 보는 눈이 생겨났다.

차분하고 부드럽게, 그러나 자신의 주장을 설득력 있게 펼쳐 나가는 그로에게는 사람을 끌어당기고 고개를 끄덕이게 만드는 매력이

있었다. 그러니 스무 살의 이 아름다운 아가씨가 건강하고 올바른 생각을 가진 젊은이의 눈에 띈 것은 당연한 일이었다.

"내 이름은 아르네 올라브 브룬틀란트야. 넌 그로 할렘이지? 아까 토론할 때 보니까 대단하던데! 나는 정치학과에 다니고 있어."

"나는 의학과에 다녀. 앞으로 소아과 의사가 되려고 해."

패기만만한 젊은이 아르네는 점점 그로가 좋아졌다. 그로도 자신을 사랑해 주는 아르네에게 금방 빠져 버렸다. 둘은 오슬로 대학에서 단연 돋보이는 한 쌍이었다. 그러나 그로의 아버지는 아르네를 마음에 들어하지 않았다. 아르네가 그로네 집과 달리 보수당을 지지하고 있었기 때문이다. 그로 역시 이 문제로 고민했지만, 생각의 차이가 맞부딪쳐 마침내 길을 찾아낸다면 훨씬 멋진 결론을 이끌어 낼 수 있을 거란 생각이 들었다. 따지고 보면 지금껏 해 온 숱한 토론들도 모두 그런 과정을 거친 것이었다. 무엇보다, 사랑은 그 어떤 차이라도 극복할 수 있게 해 주는 큰 힘 아닌가!

그로와 아르네는 아버지를 열심히 설득했고, 1960년 마침내 결혼식을 올릴 수 있었다. 그로가 스물한 살 되던 대학 3학년 때의 일이었다.

3년 뒤, 대학을 졸업한 그로는 남편과 함께 미국으로 건너가 하버드 대학에서 석사 과정을 공부했다. 공중보건학 학위를 목표로 공부했던 그로는 특별히 가족 계획과 성교육에 대해 관심을 갖고 논문을 준비했는데, 논문을 쓰면서 환경 문제에도 깊은 관심을 갖게 되었다.

1965년, 노르웨이로 돌아온 그로는 보건 이사회에서 의학 행정관으로 일하게 되었다. 하지만 그로는 여기에 만족하지 않고 다시 의학 박사 학위 준비를 시작했다. 이미 네 아이의 어머니였지만, 노르웨이의 잘 발달된 탁아 시설 덕분에 그로는 안심하고 공부를 할 수 있었다.

뒷날 그로가 이런 편의 시설

에 보다 많은 관심을 갖고 발전시키기 위해 노력한 것도 이 때문이었다.

1968년, 네 아이의 엄마이자 한 남자의 아내로 정신없이 바쁜 가운데 그로는 박사 학위를 받았다. 그리고 소아과 의사로 오슬로 시 보건 위원회 이사가 되면서 꿈을 향해 한 걸음씩 다가서고 있었다.

그러던 어느 날, 그로는 수상의 집무실로 급히 와 달라는 연락을 받았다.

"내각에 참여하세요! 우리는 그로 할렘 브룬틀란트 씨를 환경부 장관에 임명할 것입니다."

그렇게 해서 그로는 갑자기 본격적인 정치의 세계로 발을 들여놓게 되었다. 1974년, 그로가 서른다섯 살이 되던 해였다.

최연소 첫 번째 여자 수상

노르웨이는 왕에게 형식적인 권한만 주는 입헌 군주국으로, 실제적인 나라 운영은 수상과 내각, 그리고 165명으로 구성된 의회가 맡고 있다. 수상은 의원 수를 가장 많이 낸 정당의 대표가 되며, 각 부의 장관으로 구성된 내각을 이끈다. 당시 노동당 총재였던 수상은 노동당 안에서 그로의 활동과 됨됨이를 벌써부터 눈여겨보고 있었다. 그러니 그로에게는 내각에 참여하는 일이 너무나 갑작스러웠을지 몰라도 노동당 안에서는 이미 예정된 일이었다.

"환경 문제라면 더 이상의 적임자가 없다고 생각합니다. 그로 할렘 브룬틀란트 장관! 노르웨이의 환경을 위해 큰 힘이 되어 주세요."

얼떨떨했던 기분도 잠깐, 그로는 남편에게 축하를 받으며 마음속으로 다짐했다.

'지금보다 더 열심히 해야 해.'

이후 5년간 환경부 장관으로 일하면서, 그로는 모든 정책 결정에 앞서 환경적인 가치를 먼저 생각할 수 있도록 힘썼다. 경제 성장이나 국가 이익을 내세우며 환경 문제를 뒤로 밀어 놓으려는 사람들을 만날 때마다 그로는 이렇게 설득했다.

"우리 노르웨이가 당장 얼마를 벌어들일 수 있는 정책들을 세우고 정부가 그런 사업들만 지원한다면, 머지않아 노르웨이는 사람이 안심하고 살 수 없는 나라가 될 것입니다. 돈을 벌지 말라는 이야기가 아니라, 무슨 일이든지 환경을 먼저 생각하고 지켜 내려고 하지 않는다면 결국 노르웨이는 더 이상의 발전을 약속받지 못한다는 뜻입니다. 생활비를 아껴 몇 푼 더 저축하겠다고 아이들에게 오염된 우유를 먹이는 엄마는 아무도 없습니다."

실제로 노르웨이는 그로가 환경부 장관을 맡았던 이래, 국제적인 환경 보호 단체 '지구의 벗' 노르웨이 지부를 정책 결정의 한 결정권자로 참여시키고, 그들에게 정부 기금을 지원하고 있다.

"그로 장관은 여자라서 그런지, 대화 스타일이 달라요. 그로의 토론은 일상생활에 기초를 두고 구체적인 예를 들거든요. 아주 실질적이지요."

"그로를 좋아하는 여성 유권자들이 아주 많아요. 여성 운동가들도 그렇고요. 노동당에 대한 이미지도 훨씬 좋아졌어요."

"지도력도 탁월합니다. 신중하게 결정하고 분명하게 행동하지요. 스스로 모범을 보여야 한다는 신념도 확고해서 현재 노동당의 부총재로서 조금도 손색이 없습니다. 우리가 기대했던 것 이상이에요."

그로를 칭찬하는 사람들이 많아지자, 노동당은 그로에게 점점 무거운 책임을 맡겼다. 1979년, 환경부 장관직에서 물러난 뒤 의회에 들어가 재정 위원회, 외무 위원회, 헌법 위원회 등에서 다양한 경력을 쌓은 그로는 마침내 노동당의 대장인 총재로 뽑혔다. 1981년 2월, 당시 노동당 총재였던 수상이 물러나면서 뽑힌 자리였으므로 그로는 자연스럽게 수상이 되었다.

노르웨이 역사상 첫 여자 수상이자 42세의 최연소 수상!

신문과 텔레비전은 날마다 그로 수상의 취임 소식을 떠들썩하게 보도했다. 그러나 그로는 안타깝게도 수상이 된 지 8개월 만에 수상직을 내주어야 했다. 그해 10월에 치른 선거에서 노동당이 패배했기 때문이다. 노동당이 패배한 원인 중 하나에는 여자 수상을 못마땅하게 생각하는 사람들의 편견도 있었다.

정치에 발을 들여놓은 이후로 보람 있는 일도 많았습니다만, 충격도 받았어요. 약간은 부정직하고 부도덕한 다툼이 정치 생활의 일부라는 사실이 나를 가장 힘들게 했습니다. 높은 뜻을 품고 정치에 뛰어들었기에, 이런 현실이 정말 증오스러웠지요. 특히 나와 같은 여성이라면 뭔가 분명히 잘못되어 가고 있다는 생각을 할 수밖에 없습니다.

선거에서 노동당은 여자 수상인 나 때문에 내내 불리했습니다. 다른 정당들은 '왜 여자가 운전을 해야 해?', '어째서 여자가 키를 잡고 있지?' 하는 의문을 제기하도록 끊임없이 사람들의 무의식을 자극했지요. 전통적 관습, 문화적 배경, 역사적 감정들을 부추긴다면 그런 일들은 아주 쉬우니까요.

— 그로 할렘 브룬틀란트, 1989년 〈타임스〉와의 인터뷰에서

여자가 남자보다 높은 지위에 있는 것은 불편하다, 혹은 마음에 들지 않는다는 것이 요점이었다. 그러나 그로는 그런 말도 안 되는 이유로 포기할 생각이 전혀 없었다. 포기해도 좋을 만한 일이라면 몰라도, 그렇지 않다면 최선을 다해야 한다. 행복한 끝을 볼 때까지!

그로는 언젠가 남편과 함께 요트를 타다가 큰일을 당할 뻔했던 기억을 떠올렸다. 남편이 실수로 물에 빠져 허우적거리는데, 갑자기 바람과 파도가 너무 거세져서 도저히 어찌 해 볼 방법이 없었다. 그러나 그로는 끝까지 남편의 손을 놓지 않고 거친 파도와 싸워, 두 시간여 만에 무사히 배를 몰아 육지에 대었다. 남편도 놀라고 그로 자

신도 놀랐지만, 당시 바다에서 그 사고를 목격했던 사람들이 훨씬 더 놀랐다.

"세상에, 그 거친 파도 속에서 사람을 구했다고? 혼자서 요트를 몰아서? 그것도 여자가?"

바로 그때처럼, 그로는 야당이 된 노동당을 이끌었다. 정권을 잡은 여당의 정책과 그들이 하는 일들을 감시하고 비판하는 노동당의 눈은 매서웠다. 결국 1986년, 선거에서 승리한 노동당은 그로를 다시 수상의 자리로 되돌려 놓았다. 여자이기 이전에, 정치가로서 노

르웨이를 잘 운영할 최고 지도자를 원했던 노르웨이 국민들의 결정이었다.

　이후 1986년부터 1989년까지, 다시 1990년부터 1996년까지, 그로는 모두 세 번이나 노르웨이 수상을 지냈다. 그 기간 동안 그로는 무엇보다 중요하게 여겼던 여성의 정치 진출을 위해 크게 애썼다. "시대가 여성을 부른다."고 주장하며 내각 19명 중에 7명을 여성 장관으로 임명했고, 그밖에도 남녀 평등 지위법을 비롯해 여성을 돕기 위한 여러 제도적 장치를 마련하였다. 복지와 환경 정책에도 큰 힘을 실어 1994년, 노르웨이를 유럽 경제 공동체(EEC)에 가입시키고 동계 올림픽을 성공적으로 치러 내는 등 안정적이면서도 꾸준히 성장하는 정치를 펼쳐 나갔다. 경제 성장률 5퍼센트에 외국에 진 빚은 단 한 푼도 없는 등 나라 살림도 살뜰히 꾸려 냈다.

국민들이 다 함께 잘사는 나라, 늙어서 돈벌이를 못해도 아무 걱정이 없는 나라, 여자가 힘센 나라, 남녀 평등을 실천하는 1등 복지 국가, 노르웨이! 그 중심에는 바로 그로가 있었다.

그로가 존경한 골다 메이어

골다 메이어는 뜨거운 애국심과 희생 정신, 강인한 의지로 이스라엘 건국을 위해 힘썼던 여성 정치인이다. 미국에서 사범 학교를 졸업한 뒤 초등학교 교사로 일하다가, 꿈에 그리던 유대 인들의 나라를 세우기 위해 1921년 남편과 함께 팔레스타인으로 이주하였다.

골다 메이어는 처음에는 여성 노동 위원회 간사로 활동하며 정치에 조심스럽게 발을 들여놓았으나, 진실한 믿음과 정직한 도덕성, 현명한 판단력으로 노동부 장관과 외무부 장관을 지내며 새 나라의 기틀을 닦았다. 그리고 1969년부터 1974년까지 이스라엘의 총리가 되어 중동 문제의 평화적 해결을 위해 노력했다. 이런 골다 메이어는 그로를 비롯한 많은 여성 지도자들의 본보기가 되고 있다.

우리 공통의 미래를
지속 가능한 개발로!

'그러나 노르웨이만이 아니야!'
 그로가 생각하기에, 평등이 절실히 필요한 나라는 이 지구상에 너무 많았다. 특히, 아직도 자유로운 민주주의를 이루지 못한 아프리카를 비롯한 제3세계 국가들은 선진국이 나서서 꼭 도와야 했다.

 만델라는 정치적 권리 없이는 아프리카의 무능함이 영원할 것이라고 했습니다. 왜 노르웨이가 만델라의 투쟁에 그토록 깊이 공감할 수 있었습니까? 그것은 아마도 노르웨이가 하나의 민족으로서는 오랜 역사를 지녔지만, 자유 국가로서는 너무나 짧은 역사를 가졌기 때문일 것입니다. 노르웨이는 오랫동안 덴마크와 스웨덴, 그리고 나치 독일의 식민지로 살았습니다. 우리 노르웨이는 다른 나라의 지배를 받는다는 것이 어떤 것인지 잘 압니다. 그래서 우리는 무관심할 수 없는 것입니다. 무관심은 이 세상에서 가장 큰 죄악입니다. 특히 형제자매가 곤경에 빠졌을 때의 무관심은 더욱 그러합니다.

- 그로 할렘 브룬틀란트, 1988년 남아프리카 케이프타운 의회 기조 연설에서

지구에서 함께 살아가고 있는 모두를 형제자매로 여겨야 한다는 그로의 생각은 노르웨이뿐만 아니라 국제 사회에도 큰 영향을 미쳤다. 기술이나 자본이 앞선 나라가 그것을 필요로 하는 나라에 먼저 손 내밀어 돕는 건 당연한 일이었다. 국가 간의 긴밀한 협력으로 함께 움직이며 함께 발전하는 일도 반드시 해야만 하는 일이었다. 그로는 1984년, 유엔의 세계 환경 개발 위원회(WCED) 위원장을 맡으며 그 당연한 일들을 하나씩 실천하기 시작했다.

"환경 오염을 줄이고 깨끗한 자연을 다음 세대에게 물려주는 일은 절대로 어느 한 나라가 담당할 수 없습니다. 선진국이 앞장서서 책임지고, 국제 협력을 통해 전 세계적인 환경 살리기 운동을 해야 합니다. 유엔은 이런 일을 하는 데 적합한 기구이지만, 기구가 너무 분산되어 있어 효율적으로 일을 처리하기가 어려운 것이 유감입니다."

취임 인사부터 따끔한 지적으로 시작한 그로는 오랜 준비 끝에

1987년 '우리 공통의 미래'라는 유명한 보고서를 내놓았다. 이 보고서에서 그로는 '우리 후손들이 자원을 쓸 수 있는 한도 안에서 우리도 자원을 쓰면서 지속적으로 발전할 수 있는 방법을 생각하자.'는 뜻에서 '지속 가능한 개발'이라는 말을 선보였다. 환경 문제가 어느 한 나라의 문제가 아니라는 전제 아래 경제 발전 정책과 지구 환경의 회복을 연결시킨 이 보고서는 전 세계적으로 큰 반향을 불러일으켜 지금까지도 모든 환경 회의의 기초가 되고 있다.

그러나 더욱 근사한 일은 두툼한 서류 뭉치 속에 들어 있는 그 정책들을 실천에 옮기게 한 그로의 행동력이었다. 이 보고서가 나온 이후 그로는 유엔 고위급 임원들과 세계 은행(IBRD), 국제 통화 기금(IMF)의 위원장 등을 초청하여, 보고서에 쓰인 중요 안건들을 재검토하고 그에 대한 조치를 취하기 시작했다.

"우리는 발전에 대한 우선순위를 정해야 합니다! 그것은 선진국과 후진국을 막론하고, 세계의 가난한 사람들이 가장 필요로 하는 것에 중심을 두어야 합니다. 가난과 자원의 불평등한 분배는 환경 파괴의 가장 중요한 원인 가운데 하나입니다. 국가들 간에 불평등을 줄이고 모두 함께 잘 살 수 있는 방향으로 협력해야만 발전은 지속됩니다. 모두 이익을 취하되 환경을

행동하는 지도자, 그로 할렘 브룬틀란트 151

보존할 수 있을 바로 그때요."

그로는 그곳에 모인 사람들로부터 '우리 공통의 미래'를 실천하기 위한 방법들에 동참하겠다는 다짐을 받아 냈다.

개발 도상국들은 자기 나라의 경제 발전을 위해 엄청난 양의 에너지가 필요할 것입니다. 이 에너지는 당연히 앞서 발전된 국가들이 제공해야만 합니다. 최소한의 연료와 자원으로 경제 발전을 이루기 위해서는 국가 간에 긴밀한 협력이 이루어져야 합니다. 이러한 움직임을 일으킬 수 있는 힘, 우리에게는 바로 그 힘이 필요하지요. 그것은 바로 세계 여론으로부터의 막강한 압력과 충분한 정보 교환입니다.

- 그로 할렘 브룬틀란트, 1990년 유네스코 〈쿠리에〉와의 인터뷰에서

1992년, 그로와 세계 환경 개발 위원회는 브라질 리우데자네이루에서 리우 환경 회의를 개최하고, '지속 가능한 개발'을 실천하기 위한 구체적인 원칙을 정했다. 생태계 파괴 금지, 빈곤 퇴치, 산업 폐기물의 적절한 처리 등 여러 환경 문제를 해결하기 위한 각국 정부와 민간 단체의 역할, 법과 제도의 정비, 기술 이전과 재정 지원 등의 행동 계획을 제시한 '의제 21'이 바로 그것이다. 그로는 세계 각국에서 '의제 21'의 실제 이행을 점검하고 그 정책을 수립하기 위한 기구인 '지속 가능한 개발 위원회'도 조직하여 그 효과를 계속

높여 갔다.

고지식할 정도로 밀어붙이는 그로의 지도력을 높이 사는 사람들도 많았지만, 불평을 늘어놓는 사람도 적지 않았다. 그로는 유엔의 국제 무대에서 눈부시게 활약하여 노르웨이의 위상을 한껏 높였지만, 오히려 그것 때문에 비판을 받기도 했다.

"그로의 생각은 너무 이상적이에요. 세계 어느 나라가 자기 욕심을 양보하려 하겠어요?"

"아니, 도대체 수상이 뭐 하는 거예요? 노르웨이 일은 나 몰라라 하고 너무 바깥으로만 나도는 거 아니에요?"

그럼에도 불구하고 그로는 국제적인 활동 폭을 더욱 넓혀 갔다.

그러나 세 번째로 수상직을 맡고 있던 1996년, 그로의 사랑하는 아들이 자살하는 사건이 일어났다. 큰 충격을 받은 그로는 하던 일을 멈출 수밖에 없었다. 너무 힘이 들었다. 결국 그로는 노르웨이 수상직과 세계 환경 개발 위원회 위원장직에서 스스로 물러났다.

이런저런 아픈 일들에 대하여 입을 꾹 다문 그로가 걱정스러웠지만, 사람들은 그로를 믿었다. 포기와는 전혀 어울리지 않는 그로가 언젠가 다시 강한 지도력을 발휘하기 위해 돌아오리라는 것을……

몸도 마음도 아픈 사람이 없는 세상

그로를 기다리던 사람들이 반가운 소식을 들은 것은 1998년의 일이었다. 그로가 유엔의 전문 기구인 세계 보건 기구의 사무총장으로 임명된 것이다.

"그로 할렘 브룬틀란트 여사는 세계 보건 기구의 사무총장뿐만 아니라 유엔 사무총장으로도 손색이 없는 분입니다. 실제로 우리는 여러 차례 그렇게 제안하였습니다. 제가 직접 선거에 출마할 것을 권하기도 했지요. 그러나 브룬틀란트 여사는 생각해 볼 시간을 달라더니, 스스로 세계 보건 기구의 선거에 나가는 것이 더 좋겠다고 했습니다. 우리는 그분의 뜻을 충분히 존중합니다."

당시 유엔 사무총장 코피 아난의 설명에 모두들 고개를 끄덕였다. 더 높은 자리에 오르고 싶다는 욕심보다는 자신이 가장 잘할 수 있는 일을 해내려는 그로의 선택이 현명하게 느껴졌기 때문이다. 유럽 공동체의 전폭적인 지지를 받으며 세계 보건 기구 사무총장으로 취임하면서 그로는 다음과 같은 약속을 하였다.

"저는 보건 문제를 세계 각국의 주요 정치 의제로 만들겠습니다. 그리고 아직도 끝나지 않은 빈곤과의 전쟁을 벌일 것입니다. 홍역과 같은 전통적인 질병은 물론, 에이즈와 홍콩조류독감 같은 새로운 질병을 없애는 데에도 많은 노력을 기울일 것입니다."

스위스 제네바에 있는 세계 보건 기구 본부에서 업무를 시작한 그로는 획기적인 계획을 세웠다. 민간 기업의 도움을 받지 않던 그동안의 관례를 깨고 보험 회사나 식품 회사, 제약 회사 등의 기업들에게 개발 도상국의 암 치료율을 높이기 위한 프로그램을 지원하도록 적극적으로 요청한 것이다. 세부 실천 사항까지 꼼꼼히 짜여진 이 계획에는 암 발생률과 사망률이 월등히 높은 아프리카나 아시아 등에서 실시될 암 예방 교육과 원인 세균 백신 프로그램도 포함되어 있었다. 기업의 이익을 질병을 앓고 있는 전 세계인들과 함께 나누자는 그로의 계획에는 '돈'의 가치를 아름다운 방향으로 이끌고자 하는 세계 보건 기구의 뜻이 담겨 있었다.

그로는 담배에 대해서도 철저한 공격을 시작했다.

"매년 흡연으로 사망하는 세계 인구가 400만 명 이상입니다. 앞으로도 20년 내에 1천만 명 이상이 흡연과 관련된 질병으로 사망

할 것입니다. 이렇게 위험한 담배를 이대로 방치해서는 안 됩니다. 담배를 끊는 데 쓰이는 니코틴 패치는 처방에 의해 판매하면서 담배는 어디서나 자유롭게 팔 수 있다는 것은 명백한 모순이에요. 그렇다면 담배 역시 처방에 의해서만 판매해야지요. 앞으로 세계 보건 기구에서는 습관성 약물을 규제하는 국제 회의를 열어 담배 산업의 허위 광고와 판매 전략 등을 평가할 것입니다."

실제로 그로는 세계 보건 기구 192개 회원국들의 만장일치로, 공중 보건에 관한 최초의 국제 협약인 '담배 규제 기본 협약'을 체결하였다.

그로는 어린아이에게 감염되어 운동 기능을 마비시키는 무서운 질병인 소아마비를 없애기 위해서도 남다른 노력을 기울였다. 2000년부터 2005년 사이를 지구상에서 소아마비를 완전히 없앨 수 있는 가능성이 가장 높은 시기로 판단한 그로는 '소아마비 박멸 운동'을 크게 벌여 나갔다. 당시 세계 보건 기구의 백신 면역 국장을 맡았던 한국인 이종욱 박사도 열심히 그로를 도왔다.

"아직도 소마아비가 남아 있는 나라는 아프리카와 아시아 30개국 정도입니다. 지난 12년간 이들 국가들에서도 소아마비 환자 발생률이 크게 줄어들었지만, 인도에서는 여전히 발생 사례가 많이 있

세계 보건 기구 사무총장·이종욱

1994년에 세계 보건 기구 백신 면역 국장을, 2000년에 결핵 관리 국장을 맡았던 이종욱 박사는 미국의 한 과학 잡지에서 소개한 별명 '백신의 황제'로 불릴 만큼 질병과 맞서 싸워 온 의사이다. 2003년 그로 할렘 브룬틀란트의 뒤를 이어 세계 보건 기구 사무총장으로 선출되었는데, 한국인 최초의 국제 기구 대표라는 점에서 큰 화제가 되었다.

그로에 이어 소아마비 퇴치와 에이즈 등의 치료 및 예방에 힘을 쏟았던 이종욱 박사는 조류독감의 전염을 막아 줄 백신 개발과 연구에 몰두하던 중, 2006년 5월 22일 갑작스럽게 세상을 떠났다. 전 세계가 슬퍼하는 가운데 이종욱 박사의 유해는 국립묘지에 안장되었다.

습니다."

"이 국장님의 보고대로라면 인도가 세계 소아마비 환자 발생률의 70퍼센트를 차지하고 있군요. 그렇다면 소아마비 박멸 운동을 맨 먼저 인도에서 시작해야겠어요."

그로는 소아마비 백신을 싸들고 직접 인도의 뉴델리로 날아가, 판자촌에 사는 아이들부터 주사를 맞혔다. 주사를 맞기도 전에 울어 버리는 아이들이 대부분이었지만, 아이들의 울음소리가 그로에게는 한없이 귀엽고 아름다운 생명의 합창으로 들렸다.

'단 한 명의 소아마비 환자도 없는 지구, 건강한 어린이, 건강한

사람들로 가득한 지구가 바로 우리가 꿈꾸는 지구이다. 다 함께 행복하고 건강한 지구!'

2003년, 그로는 이종욱 박사에게 세계 보건 기구의 사무총장 자리를 넘겨주었다. 그러나 그 이후에도 세계 여러 나라를 돌아다니며 여성과 환경, 보건을 위한 강연과 인터뷰를 쉬지 않고 있다.

지구의 미래를 위해 지금도 열심히 뛰고 있는 그로를 지켜보는 눈은 너무나 많다. 그로의 정치적 신념을 지지하는 사람들, 세계의 수많은 여성 지도자들, 가수나 탤런트보다 그로 여사가 훨씬 멋지다고 생각하는 노르웨이 어린이들, 그리고 이 글을 읽는 우리들까지……

세계의 여성 지도자

이제 세계 각국에서 여성 지도자를 찾는 것은 어려운 일이 아니다. 유럽에서는 1979년 마거릿 대처 영국 총리가 여성 정치 시대에 불을 지핀 이후, 아일랜드, 스위스, 노르웨이 등 북유럽을 중심으로 잇따라 여성 대통령이 탄생하였다. 아시아에서도 세계 최초의 여성 총리가 나온 방글라데시를 비롯하여 인도네시아, 필리핀, 인도, 파키스탄, 스리랑카 등에서 여성 대통령과 여성 총리가 집권하고 있다. 앞으로도 세계 각국에서 유능한 여성 지도자가 많이 나올 것으로 예상되는 바, 우리나라에서도 그 기대가 크다.

그로 할렘 브룬틀란트의 생애

1939년		4월 20일, 노르웨이의 수도 오슬로 근교에서 4남매 중 맏이로 태어남.
1946년	7세	노동당에 속한 어린이 정치 모임에 참여함. 이후 고등학교 때까지 노동당의 청소년 운동과 정치 토론 동아리에 참여함.
1958년	19세	오슬로 대학에서 의학을 공부하며 노동당 정치 모임에서 부회장직을 맡아 활동함.
1960년	21세	아르네 올라브 브룬틀란트와 결혼함. 이후 네 명의 자녀를 둠.
1963년	24세	남편과 함께 미국으로 건너가 하버드 대학에서 석사 과정을 공부함.
1965년	26세	하버드 대학에서 공중보건학 석사 학위를 받음. 노르웨이로 돌아와 보건 이사회에서 의학 행정관으로 일함.
1968년	29세	박사 학위를 받음. 이후 소아과 의사로 일하며 오슬로 시 보건 위원회 부이사로 활동함.
1974년	35세	환경부 장관으로 임명됨.
1975년	36세	노동당 부총재가 됨.
1979년	40세	환경부 장관직에서 물러난 뒤 의회에 진출하여 재정 위원회, 외무 위원회, 헌법 위원회 등에서 다양한 경력을 쌓음.
1981년	42세	노동당 총재로 뽑혀 수상직에 오름.
1982년	43세	노동당이 선거에서 패하면서 수상직에서 물러남.

연도	나이	내용
1984년	45세	유엔 세계 환경 개발 위원회 위원장으로 추대됨.
1986년	47세	노동당이 선거에서 승리하여 총재로서 다시 수상직에 오름.
1987년	48세	유엔 세계 환경 개발 위원회에서 발간한 '우리 공통의 미래'라는 보고서에 세계의 이목이 쏠림. 경제 발전 정책과 지구 환경의 회복을 연결시켰다는 점에서 크게 호평을 받은 이 보고서는 지금까지도 전 세계 환경 회의의 기초가 되고 있음.
1988년	49세	'제3세계 상'과 '인디라 간디 상'을 받음.
1989년	50세	노동당이 선거에서 패하면서 수상직에서 물러남.
1990년	51세	다시 수상직에 오름.
1992년	53세	브라질 리우데자네이루에서 열린 리우 환경 회의를 주관함.
1994년	55세	노르웨이 릴레함메르 동계 올림픽을 개최함.
1996년	57세	아들의 자살에 충격을 받아 스스로 수상직에서 물러남.
1998년	59세	세계 보건 기구 사무총장직을 맡음.
2003년	64세	한국인 이종욱 박사에게 사무총장직을 넘겨줌.
2007년	68세	반기문 유엔 사무총장에 의해 유엔 기후 변화 특사로 임명됨.

Rigoberta Menchu Tum

나는 우리 아이들이 전쟁의 충격을 경험하지 않도록
보호하고 또 보호할 것입니다.
세계 평화와 민주주의는 각 민족과 문화에 대한
존중에서 비롯된다는 분명한 사실을 알릴 것입니다.
그리하여 아직도 끝나지 않은 인디헤나들의
아름다운 이야기를 들려주고 또 들려줄 것입니다.

마야의 딸 리고베르타 멘추 툼
(1959~)

과테말라의 인권 운동가. 마야 키체 족 출신으로,
학살과 굶주림 등의 비인간적 대우에 맞서 싸우며
중남미 인디헤나들의 참상을 전 세계에 널리 알렸다.
1992년, 노벨 평화상을 받았다.

일곱 살에 어른이 된 아이

걷고 또 걸어도 똑같은 나무, 똑같은 숲길. 여기가 저기 같고 저기가 여기 같은 산속.

혹시 잘못해서 더 깊은 산속으로 들어가는 건 아닌지, 아버지나 오빠들이 나를 찾고는 있는지, 아무리 생각해 봐도 리고베르타는 알 수 없었다. 맨발로 산속을 헤맨 지 벌써 여섯 시간째! 리고베르타는 마침내 그 자리에 주저앉아 울기 시작했다.

"으아아아앙! 어떡해, 어떡해! 아버지! 어디 있어요? 어서 나를 데리러 와 줘요!"

무서운 것에 비하면 배고프고 다리 아픈 건 참을 만했다. 정말 무서운 일은 리고베르타가 발견되지 않는 것! 이러다 아버지나 오빠들을 만나지 못한다면, 리고베르타는 어두운 숲 속에서 사나운 짐승에게 목숨을 잃을지도 모른다.

리고베르타네는 전에도 농장에서 돌아와 밭농사를 짓던 중에 짬을 내어 이렇게 깊은 산속으로 버드나무 가지를 베러 오곤 했다. 가구를 만드는 도시의 목수에게 내다 팔기 위해서였다. 하지만 이번처럼 힘들지는 않았다. 며칠째 계속된 비로 모두 지친데다가, 비에 젖은 나뭇짐이 너무 무거웠다. 게다가 일주일 이상 산속에 머무는 바람에 가져온 식량도 다 떨어졌고, 엎친 데 덮친 격으로 개까지 사라지고 말았다.

'배가 너무 고프니까 혼자서 마을로 도강쳤나 봐! 개가 꼭 있어야 하는데……'

깊은 산속에서는 조금만 신경을 쓰지 않아도 금세 길을 잃는다. 그래서 냄새로 마을까지 이르는 길을 찾아 주고, 사나운 짐승의 냄새까지 미리 맡고 짖어 주는 개가 꼭 필요했다. 그런데 개가 달아나는 바람에 리고베르타네는 길을 잃었고, 작은오빠 뒤를 겨우 따라 걷던 어린 리고베르타는 힘에 부쳐 그만 혼자 뒤처지고 만 것이다.

울다 울다 지쳐서 눈물도 안 나올 때쯤, 리고베르타는 입술을 꽉 깨물며 다시 일어났다.

"아니야! 나는 꼭 살아서 마을로 돌아갈 거야. 정신 차려야 해!"

그때, 멀리서 리고베르타를 부르는 희미한 소리가 들려왔다. 리고베르타는 소리나는 쪽을 향해 마구 달리기 시작했다. 아버지의 목소

리가 점점 크고 가깝게 들렸다.

"리고베르타! 리고베르타! 어디 있니?"

"여기요! 저 여기 있어요, 아버지!"

리고베르타는 마지막 남은 힘을 박박 긁어모아 달리고 또 달렸다.

마침내 아버지와 오빠들을 만난 리고베르타는 반가운 나머지 또다시 눈물이 왈칵 쏟아졌다. 아버지는 혼자서 산속을 헤맨 어린 딸을 꼭 안아 주었지만, 오빠들은 야멸치게 야단을 쳤다.

"그러게 정신을 똑바로 차려야지!"

"네 잘못이 뭔지 알겠니? 우리 마야 사람들은 스스로를 지킬 줄 알아야 한다고 했잖아!"

좀 서운했지만, 리고베르타는 오빠들의 말이 맞다고 생각했다. 그래서 진흙길을 맨발로 꼭꼭 밟으며 산을 내려오는 동안 마음속으로 다짐했다.

'그래, 난 마야의 딸이야. 나는 나 스스로 지켜야 해! 아버지, 어머니, 언니와 오빠들이 그러는 것처럼…….'

가까스로 길을 찾아 마을로 들어서자, 산속에서 달아났던 개가 꼬리를 치며 달려왔다. 개는 좋아서 리고베르타 주위를 이리저리 날뛰었지만, 리고베르타는 개의 엉덩이를 확 걷어차 주고 싶은 심정이었다. 걱정하며 기다리던 어머니와 나머지 식구들도 뛰어나왔다.

집에 돌아온 리고베르타는 오랜만에 고소한 아톨레(옥수수 가루를

물이나 우유에 녹여 만든 음료수)를 마시고, 맛난 토르티야(옥수수 가루를 빚어 만들어서 구운 것)와 강낭콩을 아주 배불리 먹었다. 배불리 먹다니! 리고베르타네 집뿐만 아니라 마을 사람들 모두에게 배불리 먹는다는 건 정말 드문 일이었다. 그날은 특별히 살아 돌아온 기념이었다. 과테말라 북서부 키체 지방의 산골 마을 치멜에서 태어난 인디헤나, 리고베르타는 바로 이날부터 마음속으로 어른이 되었다.

'일곱 살이면 나도 이제 어린애가 아니야. 이제부터는 어른 몫을 해낼 거야.'

일곱 살에 벌써 어른이 되어 버린 리고베르타의 소원은 돈을 많이 버는 것이었다. 돈이 있으면 더럽고 냄새나는 트럭에 짐짝처럼 실려

인디오가 아니라 인디헤나

예로부터 아메리카 대륙에 살고 있었던 원주민은 에스파냐 어로 '인디오'이고, 영어로는 '인디언'이다. 그러나 이 말에는 아주 부정적인 뜻이 담겨 있다. 아메리카 대륙을 발견한 콜럼버스가 이곳을 인도로 착각하고 침략한 역사를 드러내기 때문이다. 역사학자나 인류학자들은 백인들의 우월 의식에서 비롯된 치욕적인 이름 '인디오'나 '인디언'을 버리고 '인디헤나'로 부르기를 권한다. 인디헤나는 '옛날부터의 주민'이란 뜻으로, 중남미 지역 원주민들의 자긍심을 높여 주는 이름이다.

서 농장에 가지 않아도 된다! 농장에 가지 않으면 새벽부터 늦은 밤까지 손끝이 터지도록 커피콩이나 목화를 따지 않아도 되고, 지주와 관리인들이 쏟아붓는 욕설을 듣지 않아도 된다! 매 맞을 일도 없다! 온몸을 모기에 물어뜯기며 땅바닥에서 자지 않아도 되고, 그렇게 해 놓고도 잠자리 값을 내라는 백인 지주의 뚱뚱하고 기름진 얼굴을 보지 않아도 된다!

무엇보다, 돈이 있으면 굶지 않아도 된다!

그러나 리고베르타네뿐만 아니라 거의 모든 인디헤나들에게는 바로 그 '돈'이 없었다. 해안 지역 기름진 땅은 모두 백인들의 차지였

행복했던 4개월

리고베르타네 가족이 산속 마을에서 온전히 마야의 후손으로만 살 수 있었던 4개월은 어린 리고베르타에게 큰 축복이었다. 생명과 공동체를 귀중하게 여기는 마야 사람들은 서로 어울려 함께 일하며 자연에 감사하는 생활을 통해 가난해도 넉넉한 마음을 잃지 않았다.

리고베르타는 여섯 살도 되기 전부터 어머니를 도와 아침마다 옥수수알을 맷돌에 갈아 반죽한 뒤 화덕에 구워 고소한 토르티야를 만들었다. 그밖에도 가축을 돌보는 일, 알록달록한 색실로 옷감을 짜서 위필(길게 걸쳐 입는 인디헤나 여성의 전통 의상)을 만드는 일, 페타테(야자나무 줄기로 짠 깔개)를 엮는 일을 하며 마야의 딸로 행복한 시간을 보냈다.

마야의 딸, 리고베르타 멘추 툼 169

고, 인디헤나들은 산속에 겨우 마련한 거친 땅에서 밭농사나 조금 지을 뿐이었다. 그곳에서 나오는 곡식만으로는 굶주림을 피하기 어려워 인디헤나들은 일 년에 여덟 달 정도는 해안 지역의 큰 농장으로 내려가 지주들을 위해 일할 수밖에 없었다.

과테말라가 처음부터 가난했던 것은 아니었다. 아니, 과테말라는 결코 가난하지 않았다. 마야 문명이 찬란하게 꽃피었던 이곳은 커피와 목화, 사탕수수 등이 많이 재배되는 비옥한

찬란했던 마야 문명

마야 문명은 기원 전후부터 남아메리카의 멕시코 남동부, 과테말라 고지, 유카탄 반도에 걸쳐 번성한 마야 족의 고대 문명이다. 거대한 계단식 제단을 갖춘 피라미드 신전과 웅장한 왕조의 석비를 세울 만큼 석공술이 뛰어났으며, 토목 사업과 농업 기술도 발달하여 자연 안에서 풍족한 생활을 누렸던 것으로 보인다. 신령스러운 상형 문자와 태양력을 사용했고, 시장을 세워 화폐 개념의 교역을 이루었으며, 금세공술과 직물, 토기 등 고도의 문명을 이루었다. 10세기 무렵부터 조금씩 쇠퇴하기 시작하다가, 16세기에 무력으로 정복한 에스파냐에 의해 철저히 파괴되었다.

농업 지대로 유명했다. 그러나 1524년, 에스파냐의 정복자들에게 짓밟힌 이래 그 모든 풍성한 수확물들은 백인들의 몫이 되었다.

300년도 넘게 에스파냐의 식민지였다가 독립한 다음에는 문제가 더욱 심각해졌다. 백인과 라디노(백인과 인디헤나의 혼혈)들이 마음대로 땅을 빼앗고 농장을 지어 인디헤나들을 노예처럼 부렸다. 이제 풍요로운 나라, 과테말라에서 원래 그 땅의 주인이었던 인디헤나들은 가장 가난하고 헐벗은 사람들이 되었다.

다른 가난한 인디헤나들처럼 리고베르타 역시 여덟 살 때부터 커피 농장에서 커피콩 따는 일을 했다. 커피콩은 가지가 상하지 않도록 한 알 한 알 비틀어 따야 하는 작업이라, 작고 여린 리고베르타의 손은 금세 까칠해졌다.

"도와줄까?"

가끔 오빠들이 물어 왔지만, 리고베르타는 세차게 고개를 저었다.

"이건 내 일이야! 누가 대신해 주면 안 돼! 스스로 책임져야지."

얼마나 열심이던지, 일 년 뒤 리고베르타는 어른 한 사람 몫을 거뜬히 해낼 정도였다.

그러나 농장에서 온 가족이 아무리 열심히 일을 해도, 집으로 돌아갈 때 손에 쥐는 돈은 너무 적었다. 농장에서 일하는 동안 먹고 자는 데 든 돈을 터무니없이 많이 내야 했기 때문이었다. 식구 가운데 아픈 사람이 생겨 약값이라도 든다면 형편은 더욱 나빠졌다.

영양실조로 병이 난 리고베르타의 두 살배기 남동생은 변변한 약도 한번 못 써 보고 농장에서 죽었다. 약값도 없었고, 정해진 시간에 정해진 분량의 일을 해내야 하므로 아픈 동생을 간호하기도 어려웠다.

새벽에 동생이 죽자, 당장 시체를 묻을 곳을 찾는 게 큰일이었다. 덥고 습한 날씨에 동생의 시체를 집까지 운반할 수도 없었다. 어머니와 리고베르타는 울면서 농장 감독을 찾아갔다. 동생이 죽었으니 농장에 시체를 묻게 해 달라고 말하고 싶었지만 말이 통하지 않았다. 겨우겨우 에스파냐 어를 할 줄 아는 인디헤나를 찾아내어 통역을 부탁했다. 하지만 사정 이야기를 들은 농장 감독은 버럭 소리를 질러 댔다.

"땅을 빌리고 싶으면 돈을 내! 돈이 없으면 죽은 자식을 데리고 당장 꺼지고! 빚도 많은 주제에 어디 와서 난리야!"

결국 어머니는 돈을 받지 않고 한 달 동안 일해 주기로 약속하고 동생의 시체를 농장에 묻을 수 있었다. 관은 헌 궤짝으로 대신했다.

'너무해! 정말 너무해! 왜 우리는 이런 대접을 받아야 하지?'

리고베르타는 분노로 가슴이 부글부글 끓어올랐다.

'무언가 잘못되었어! 이건 아니야!'

에스파냐 어를 배우고야 말겠어!

리고베르타의 절망은 계속되었다. 농장에서 함께 일하던 친구 마리아가 목화나무를 그을리는 연기에 질식해 죽고 만 것이다. 마리아는 함께 교회에 다니며 손잡고 기도하던 가장 친한 친구였다.

리고베르타는 갓난아기 때 커피 농장에서 일하는 어머니의 등에 업혀 있다가 비행기에서 뿌려 대는 농약에 중독되어 죽었다는, 얼굴도 못 본 큰오빠가 떠올랐다. 노동자들이 농장에서 일하고 있다는 걸 뻔히 알면서 어떻게 나무를 그을리고 농약을 뿌릴 수 있을까? 인디헤나는 벌레란 말인가? 농약을 뿌리고 나무를 그을려 죽여 버리는 그런 벌레와 같단 말인가?

리고베르타는 분하고 억울했다. 뾰족한 가시덩굴을 확 끌어안은 듯 가슴이 따가웠다.

"이런 세상을 어떻게 살아가지? 차라리 어머니가 나를 낳지 않았더라면 좋았을걸."

한숨만 쉬던 리고베르타는 이 지긋지긋한 농장을 떠나 도시의 부잣집에 하녀로 가야겠다고 결심했다. 가족들이 모두 말렸지만 소용없었다.

"부자들이 나를 쓰레기 취급할 거라고? 하녀 일이 힘들 거라고? 그럼 여기는 낫다고 생각해? 설령 여기보다 더 심하다고 해도 난 괜찮아! 적어도 도시에 가면 에스파냐 어를 배울 수 있을 테니까. 나는 꼭 에스파냐 어를 배워 올 거야. 그래서 우리를 괴롭히고 무시하는 백인들한테 당당히 할 말을 할 거라고!"

가족들의 반대를 무릅쓰고 열세 살 소녀 리고베르타는 하녀가 되기 위해 수도 과테말라시티로 나갔다. 그러나 도시 부자들의 구박은 말로만 듣던 것보다 훨씬 심했다. 리고베르타는 잠시도 쉬지 않고 일을 해야 했고, 시도 때도 없이 해대는 욕설을 들으며 늘 비참한 기분에 빠져 지내야 했다. 리고베르타가 도시 생활에 익숙지 않아 실수를 할 때마다 주인 내외는 리고베르타의 뺨을 모질게 때리며 인디헤나들을 싸잡아 욕했다.

"이게 뭐야! 다시 하지 못해?"

"더럽고 냄새나는 것 같으니……."

"게으름 피우면 쫓아낼 거야!"

"하여간 인디헤나들은 나쁜 데로만 머리가 돌아간단 말이야!"

온갖 굴욕과 궂은일들에 허리 한 번 펼 새가 없었지만, 정작 배우고 싶은 에스파냐 어는 제대로 배울 수 없었다.

리고베르타가 가족들과 고향을 그리워하느라 앓아누울 지경에 이르렀을 때 오빠가 찾아왔다. 오빠는 아버지가 감옥에 갇혔다는 끔찍한 소식을 전했다. 리고베르타는 하녀 일을 그만두고 오빠와 함께 서둘러 집으로 돌아왔다.

몇 년 전, 리고베르타의 아버지 비센테 멘추는 마을 공동체 대표로 지주들과 정부 공무원이 내민 서류에 서명한 적이 있었다. 공무원은 그 서류가 '토지 소유권이 마을 공동체에 있음'을 밝히는 문서라고 말했지만, 사실은 2년 뒤에 인디헤나들이 일군 땅을 모두 지주에게 넘긴다는 약속을 적은 것이었다. 에스파냐 어를 읽을 줄 모르는 아버지를 속인 사기 계약이 분명했지만 정부는 지주들 편이었다. 지주들은 군인들을 마을로 보내 사람들을 쫓아내고 강제로 땅을 빼앗았다. 아버지가 부당함을 주장하고 항의하자, 지주들은 아버지를 무자비하게 폭행하고 감옥에 가두어 버렸다.

이 모든 것이 에스파냐 어를 몰랐기 때문에 벌어진 일들이었다!

"내가 하녀로 일해서 번 돈을 모두 내놓을게. 아버지를 위해 변호사를 사자. 에스파냐 어로 우리 이야기를 대신해 줄 대변인도 구하고."

오빠들과 리고베르타가 아버지를 감옥에서 빼내는 데는 꼬박 1년 2개월이 걸렸다. 돈을 주고 고용한 대변인마저 지주들에게 넘어가 재판이 길어졌던 것이다.

감옥에서 심한 고문을 당하고 나온 아버지는 아주 많이 달라져 있었다. 독실한 가톨릭 신자로 다정하고 따뜻하기만 했던 예전의 아버지가 아니라, 인디헤나의 권리와 평등을 외치며 투쟁하는 운동가로 변해 있었던 것이다. 감옥 안에서 만난 정치 지도자에게 큰 영향을 받은 때문이었다.

과테말라는 이미 1960년부터 군사 독재 정권의 보호 아래 호시탐탐 인디헤나의 땅을 빼앗으려는 지주들과 이에 대항하는 인디헤나들 사이에 시민 전쟁이 벌어지고 있었다. 특히 아버지가 감옥에서 나와 가입한 '캄페시노 단결 위원회'는 도시에 살지 않는 인디헤나들의 마을 공동체를 연결하고 그 힘을 모아 함께 투쟁할 것을 권하는 단체였다.

"우리 마야 사람에게 땅은 모두의 것이지, 어느 한 사람만의 것이 아니다. 우리 조상들은 겁쟁이가 아니었어! 너희들도 명심해라! 결코 지주들이 하는 대로 내버려 두어선 안 돼. 우리 땅을 지키기 위해선 계속 싸워야 한다."

백인들이 원하는 나라

이른바 백인들이 원하는 나라로 만들기 위해 인디헤나들을 노예처럼 부리고 죽였던 이들 뒤에는 또 하나의 든든한 백인들의 나라가 있었다. 바로 청과물 회사 '유나이티드프루트' 뒤에 숨은 미국! 미국은 과테말라 군인들의 쿠데타를 지원해 가며 40년 가까이 계속된 시민 전쟁에 불을 붙여 왔다. 자기 나라 기업의 이익을 위해서라면 정의에 어긋나는 일에도 눈을 감는 비겁함에서 나온 행동이었다. 클린턴 전 미국 대통령은 1996년 과테말라를 방문한 자리에서, 미국이 군사 독재자들을 지원한 것은 잘못이었다고 공식적으로 사과했다.

아버지의 힘 있는 말은 리고베르타의 가슴에 씨앗처럼 단단히 자리를 잡았다. 그리고 새싹이 땅에서 움틀 때처럼 리고베르타의 마음속에서 쑥쑥 자라기 시작했다.

싸워야 한다!

인디헤나로서 우리는 우리 자신을 위해 힘껏 싸워야 한다!

리고베르타네 가족은 아버지의 변화를 자신들의 변화로 받아들였다.

그 뒤에도 아버지 비센테 멘추는 여러 차례 감옥에 갇히고 다시 풀려나기를 거듭하면서 인디헤나 농민들의 투쟁을 이끌었다. 아버지와 뜻을 같이하는 동지들의 노력으로 인디헤나 농민 단체인 '농민 연합 위원회'도 만들어졌다. 마을에서 쫓겨나 흩어져 살고 있던 이웃들이 하나 둘 다시 모여들기 시작했다.

땅을 빼앗기 위한 지주들의 위협은 여전했다. 군대를 보내 마을을 공격했고, 사람들도 거침없이 죽였다. 그러나 인디헤나들은 더 이상 쫓겨 갈 곳이 없었다. 피땀 흘려 일군 자신들의 땅과 마야의 후손으로서 자존심을 지키기 위해 마을 사람들은 목숨을 버릴 각오로 힘을 모았다. 무엇보다 군인들의 공격에 맞설 수 있는 강력한 방어 체계부터 갖추어야 했다. 마을 공동체 회의가 열렸고, 아버지 비센테 멘추는 오래전 에스파냐 정복자들에게 대항했던 조상들의 전통 방식을 제안했다.

 "우선 집과 집 사이를 가능한 한 가까이 붙여 짓도록 합시다! 그러면 재빨리 모일 수 있어 서로 정보를 교환하고 함께 행동하는 공동체의 장점을 살릴 수 있을 것입니다. 우리의 전통 방식인 올가미를 치는 일도 함께 합시다. 물론, 올가미가 있는 장소는 어느 누구에게도 말해선 안 되오!"
 마을 사람들도 저마다 자신의 생각을 말하며 힘을 보탰다.
 "남자들은 무기가 될 만한 모든 것을 모아 공격에 대비합시다. 돌, 손도끼, 곤봉이나 괭이, 아무것이라도 좋아요."

"여자들은 소금이나 고춧가루를 내오고, 뜨거운 물이라도 끓여 올게요."

"공격이 심할 때 산으로 몸을 피할 수 있도록 길을 미리 뚫어 놓읍시다. 군인들은 산속에서 활동하는 게릴라들이 무서워 산까지 쫓아오지는 못할 거요. 산속에 캠프를 지어 미리 대비합시다."

"힘없는 노인이나 애들은 망이라도 봅시다! 남자들은 밤에도 보초를 서고요. 마야 사람이라면 어른, 아이 할 것 없이 누구나 제 나이와 힘에 맞는 일을 맡아 해냅시다!"

아버지는 마을 공동체의 대표로 엄숙하게 말했다.

"우리 마야 사람들은 살아 있는 생명을 함부로 죽이지 않습니다.

그러나 우리 목숨을 지키기 위해 어쩔 수 없이 생명을 해쳐야 하는 경우, 먼저 신에게 용서를 구하고 도움을 빌어야 합니다. 우리는 우리 스스로를 지키는 조직을 만들고, 우리의 방법을 다른 인디헤나 마을로 전하며 그들과 함께 손잡아야 할 것입니다."

효과는 바로 나타났다. 지주가 보낸 군인들은 마을로 숨어들다가 길목마다 쳐 놓은 올가미에 걸려 발각되었고, 공동체 사람들은 미처 도망치지 못한 군인에게서 총까지 빼앗았다. 비록 총 쏘는 방법을 몰라 그냥 큰 주머니에 넣어 두기만 했지만……. 몇 차례의 공격 때마다 지혜롭게 막아 내자, 군인들도 겁을 먹기 시작했다. 리고베르타네 마을은 점점 탄탄한 공동체가 되어 갔다.

아버지에게 큰 영향을 받은 리고베르타는 누구보다도 공동체 일에 열심이었다. 조금이나마 알고 있는 에스파냐 어와 마야의 전통들을 아이들에게 가르쳤고, 여자들만의 작은 모임을 만들어 조직에 필요한 살림을 꾸려 갔다. 여기저기 교회를 찾아다니며 성직자들에게 인디헤나를 도와 달라고 부탁하는 것도 리고베르타의 임무였다. 그렇게 만난 한 수녀에게서 리고베르타는 에스파냐 어를 체계적으로 배울 수 있었다. 비록 적의 언어지만 그 어느 것보다 강한 무기가 되어 줄 에스파냐 어! 얼마 지나지 않아 리고베르타는 에스파냐 어를 자유롭게 말하고, 읽고, 쓸 수 있게 되었다. 아버지 비센테 멘추는 그런 딸을 무척 대견스러워했다.

"리고베르타! 네가 벌써 열여덟 살이 되었구나. 너도 이제 어엿한 한 인간이니 자신이 '이것이다!'라고 생각하는 것을 찾아야 해. 그것이 모두를 위한 일이어야 한다는 것도 명심하고."

리고베르타는 제 마음속을 천천히 거닐다 마침내 '이것이다!'라고 생각되는 것을 찾아냈다. 그건 바로 아버지처럼 인디헤나들을 깨우치고 힘을 모아 적과 맞서 싸우는 용기 있는 삶이었다.

리고베르타는 다른 인디헤나 마을들을 찾아다니며 공동체를 조직하기로 결심했다. 모든 인디헤나들이 함께 손잡고 싸워 마침내 승리할 그날을 기대하며…….

슬프고 비참한,
그러나 한없이 용감한

이런 생각을 한 것은 리고베르타만이 아니었다. 아버지와 어머니, 오빠들, 그리고 동생들까지 가족들은 모두 인디헤나 마을의 공동체 조직을 필요로 하는 곳이라면 어디든 달려가 일하겠다는 생각이었다. 각자 흩어져 싸우기로 하고 가족이 모두 모인 자리에서 아버지가 입을 열었다.

"우리 마을 공동체는 아직 어리긴 하지만 스스로를 지킬 수 있는 훌륭한 아이가 되었다. 이러한 성장을 확인하고 떠나게 되어 정말 기쁘다. 지금은 다른 곳에서 다른 아이들을 길러 내야 할 때다. 나는 이제 집으로 돌아오지 않을 것이다. 모두 몸조심하고 자기 자신을 잘 지키기 바란다."

가족들은 서로 부둥켜안고 웃고 울다가, 불안하고 아쉬운 마음을 뒤로 한 채 헤어졌다.

이때부터 리고베르타의 투쟁도 본격적으로 시작되었다. 물론 쉬운 일은 아니었다. 우선 인디헤나 부족마다 서로 다른 말을 쓰고 있어 쉽게 말이 통하지 않았다. 각 부족의 말을 익히고 에스파냐 어를 가르치면서 조직화의 뜻을 전하고 그에 맞게 마을을 변화시키려다 보니 시간이 오래 걸렸다. 그러나 인디헤나 마을이라면 어디든 겪고 있는 폭력과 지독한 가난 때문에, 인디헤나들 사이에는 변하지 않으면 안 된다는 생각이 퍼져 가고 있었다.

리고베르타의 활동 영역은 점점 넓어졌다. 리고베르타는 일부러 농장에 들어가 일하며 공동체 조직을 늘려 가기도 했다. 가난한 인디헤나 농민들은 저마다 조직에 참여하고 싶어했다. 얼마 지나지 않

투쟁의 길잡이가 된 성경

리고베르타는 인디헤나의 전통적인 생활 방식과 관습도 소중히 여겼지만, 신앙을 통해서도 투쟁의 힘을 얻었다. 어렸을 때부터 가톨릭교회에 다녔던 리고베르타는 성경을 '평등을 위해 투쟁을 가르치는 책'으로 읽었다. 실제로 리고베르타는 성경에서 수많은 투쟁의 근거들을 찾아냈는데, 이스라엘 민족을 이집트의 노예 상태에서 해방시킨 모세, 돌멩이 하나로 거인 골리앗을 쓰러뜨린 소년 다윗, 이스라엘 백성을 구하기 위해 자신을 던져 적의 장군을 죽인 유디트 같은 인물들을 투쟁의 길잡이로 삼았다.

아 남쪽 해안 지방에서 사탕수수를 베고 목화나 커피를 따는 노동자 대부분이 조직에 들었다. 여자로는 드물게 조직의 지도자로 나선 리고베르타의 지혜로운 힘은 인디헤나는 물론, 가난한 라디노들까지 손잡게 했던 것이다.

그러나 조직이 탄탄해지고 커질수록 위험도 함께 커졌다. 에스파냐 어를 잘하는 리고베르타는 얼굴이 많이 알려져 있었고, 이미 정치범으로 분류된 아버지 때문에 더욱 위험 인물로 지목되곤 했다. 리고베르타는 되도록 한군데 오래 머무는 일을 피했다. 언제 어디서 체포될지 모르는 상황에서 리고베르타를 만난 모든 인디헤나들에게 해를 입힐 수도 있었기 때문이다.

그러던 어느 날, 마을 공동체에 남아 서기로 일하던 남동생 페트로치오니가 군인들의 손에 붙잡혔다. 얼마 되지도 않는 돈을 받고 조직원 하나가 페트로치오니를 군대에 팔아넘긴 것이다. 리고베르타네 가족은 황급히 마을로 숨어들었지만 동생을 구해 낼 뾰족한 수가 없었다. 동생이 당하게 될 끔찍한 고문을 알고 있었기에 아버지와 어머니, 형제들 모두 미칠 지경이었다.

고문은 16일이 넘게 계속되었습니다. 동생은 손톱이 뽑히고 손가락이 잘렸으며, 칼로 살갗이 도려내지고 불로 지져졌습니다. 군인들은 가솔린을 끼얹어 살아 있는 동생을 불태웠습니다. 정말, 정말이지, 용서할 수 없었습니다. 어머니는 죽은 동생을 끌어안고 타다 남은 얼굴에 볼을 비비며 말을 시켰습니다. 그때, 내 마음에 치밀어오르던 분노는 내 몸을 활활 태워 버릴 것만 같았습니다.

― 구술 자서전 〈나, 리고베르타 멘추〉, 리고베르타 멘추의 말 중에서

이제 겨우 열여섯 살밖에 되지 않은 동생의 참혹한 죽음을 낱낱이 지켜본 가족들은 한마디도 하지 않고 집으로 돌아왔다. 그리고 얼마 뒤, 아버지가 가족들을 모아 놓고 말했다.

"나는 무기를 들고 내 아들의 영혼을 위해 싸우다 죽겠다!"

그 이듬해, 아버지 비센테 멘추는 농민 연합 위원회 회원들과 함께 과테말라 주재 에스파냐 대사관을 점거했다. 전 세계 사람들에게 과테말라 인디헤나들의 비참한 현실을 알리기 위해서였다. 그러나 경찰은 건물을 무차별 공격했고, 농성 중이던 시위대는 모두 산 채로 불에 타 죽었다. 리고베르타의 영웅, 아버지 비센테 멘추는 그렇게 죽었다.

'아버지! 정말 다행이에요. 적의 손에 붙잡혀 모진 고문 끝에 돌아가시지 않아서……. 내 가슴은 갈가리 찢어지고 쓰리고 아프지만 그래도, 그래도 기뻐요, 아버지!'

그러나 고통은 아직 끝나지 않았다. 아버지를 잃은 지 3개월도 채 되지 않아 이번에는 어머니가 군인들에게 잡혀갔다. 어머니는 마을

에 남아 있던 사람들을 격려하고 돌아오는 길이었다. 군인들은 어머니에게도 남동생 페트로치오니에게 했던 것과 똑같은 고문을 했다. 그렇게 하면 자식들이 나타날 줄 알았던 것이다. 그러나 어머니는 온갖 수치를 당하면서도 끝까지 자식들이 어디에 있는지 말하지 않았다.

"부디 바보 같은 짓은 하지 말자!"

"어머니는 결국 살해당하게 되어 있어. 우리도 똑같은 운명이고. 그러니 참아야 한다, 가슴이 찢어지는 한이 있어도 참아야 해."

오빠들은 리고베르타의 손을 잡으며 말했다.

남동생 페트로치오니가 죽었을 때, 일주일도 넘게 자리에 누워 울기만 하던 어머니는 갑자기 벌떡 일어나 이렇게 말했었다.

"여기서 훌쩍거리고 있을 게 아니라 맞서 싸워야 해! 여자도 남자랑 똑같이 싸워야 한다."

그렇게 용감하던 어머니가 비참한 모습으로 싸우고 있는데도 아무것도 할 수가 없다니……. 리고베르타는 울고 또 울었다. 가슴에서 솟는 뜨겁고 아픈 눈물이었다.

결국, 어머니는 길에 버려져 들개와 독수리의 먹이가 되었다. 단 한 조각의 뼈도 남지 않은 것을 확인한 다음에야 군인들의 감시가 끝이 났다. 4개월이 넘는 기간이었다. 그동안 리고베르타는 기도하고 또 기도했다.

'하느님! 우리 어머니를 빨리 데려가 주세요. 이 고통스러운 삶을 끝내게 해 주세요! 제발, 제발 부탁이에요.'

아직도 끝나지 않은 이야기

폭탄과 총 따위의 무력만 믿고 있던 과테말라 정부는 에스파냐 대사관 점거 사건 이후, 더욱 거세게 일어나는 인디헤나들의 투쟁에 깜짝 놀랐다. 더 이상 분노를 참을 수 없었던 인디헤나 농부들은 대규모 파업을 일으켰다. 처음 8천 명으로 시작한 이 파업은 2주 만에 8만 명의 노동자가 참여할 정도로 커졌다. 아무리 잔인하고 무자비한 정부라도 이들 모두를 학살하기란 힘든 일이었다.

해안 지역 농장에서 에스파냐 어를 가르치며 조직 운동에 힘쓰던 리고베르타는 고향 마을로 달려가 파업에 힘을 모으자고 설득했다.

"지주들에게 대항하기 위해 모두 나서야 합니다. 우리의 권리를 알리고 주장합시다. 우리는 정당한 임금을 받고, 인간의 존엄성과 인디헤나의 전통을 존중받기 원합니다. 우리의 뜻을 적은 이 인쇄물을 다른 마을에도 전하고, 그들에게 농민 연합 위원회에 가입할 것을 권해 주십시오."

사람들은 너도나도 리고베르타의 뜻에 따랐고, 파업은 대성공을 거두었다.

여기저기서 사람들이 조직을 만들고 싶다며 리고베르타를 찾아왔다. 점점 심해지는 정부의 탄압에 맞설 조직을 만들어 체계적으로 대응하려는 생각들이 힘을 얻어 가는 중이었다. 군인들은 인디헤나 마을마다 폭탄을 마구 퍼부어 농부들이 한 해 동안 정성스레 지은 농사를 망치고 불태웠으며, 아무렇지 않게 사람들을 죽였다. 이제 살기 위해서라도 싸울 수밖에 없는 인디헤나들은 조직에 가입하거나 산속으로 도망쳐 게릴라가 되었다.

성직자들도 참여하고 학생들까지 나서자 조직은 점점 거대해졌다. 마침내 에스파냐 대사관을 폭파한 날을 기념하여 이름 붙인 '1월 31일 인민 전선'의 연합 투쟁이 시작되었다. 여기에는 농민 연합 위원회, 혁명 노동자 중핵 조직, 주민 공투, 비센테 멘추 혁명 크리스트 교도 연합 등 과테말라 전 지역에서 싸우는 조직들이 거의 모두 참여했다.

1980년과 1981년 5월 1일, 노동절의 투쟁은 과테말라 역사상 가장 강렬한 불이 붙었다. 연합 조직은 엄청난 희생을 감수하면서 과테말라 정부와 당당히 맞서 싸웠다. 많은 사람들이 죽고 다쳤지만, 인디헤나들은 더욱 지혜롭고 강인한 투쟁으로 대응했다.

그러나 정부의 끈질긴 추적은 리고베르타를 점점 옥죄어 왔다. 리고베르타는 동료들이 있는 곳에서는 잠시도 머물 수가 없었다. 동료들은 물론, 그들의 가족까지 살해당할 수도 있었기 때문이다.

엎친 데 덮친 격으로 여기저기 쫓겨다니던 리고베르타는 병으로 쓰러지고 말았다. 몸이 아프니 마음도 따라 아팠다. 절망감에 온몸이 꺼져 들어가는가 싶더니, 투쟁을 포기할 생각마저 들었다. 모든 것이 다 부질없이 느껴져 어디론가 사라져 버리고 싶은 심정이었다. 그렇게 2주일이 넘도록 자리에 누워 있는데, 꿈에 아버지가 보였다. 아버지는 리고베르타에게 소리쳤다.

"리고베르타, 너한테 실망했다. 그래선 안 돼! 분명하게 행동해라!"

신기하게도 그날부터 리고베르타는 차츰 기운을 차릴 수 있었다.

리고베르타가 마음을 굳게 다잡고 집 밖으로 나가 걷는 연습 삼아 거리를 어슬렁거리고 있을 때였다. 누군가 리고베르타를 큰 소리로 불러 세웠다.

"리고베르타 멘추!"

돌아보는 순간, 리고베르타의 머리칼이 쭈뼛 곤두섰다. 지프를 탄 군인들이었다. 그들은 할 말이 있다며 리고베르타를 향해 다가왔다. 리고베르타는 가슴이 쿵쾅쿵쾅 뛰었지만 정신을 바짝 차리고 뛰기

마야의 딸, 리고베르타 멘추 툼

시작했다. 몸을 숨길 수 있는 곳은 아무 데도 없었다. 집이든 가게든 리고베르타가 들어간다면 그곳 사람들이 살아남을 수 없었기 때문이다.

리고베르타는 달리고 또 달려 마을 교회 안으로 뛰어들었다. 그리고 얼른 길게 땋은 머리를 풀어 어깨까지 늘어뜨린 뒤 제단 앞에 무릎을 꿇었다. 마침 기도를 드리고 있던 사람들이 몇 사람 있었기에, 그들 곁에 엎드린 채 숨을 죽였다.

"샅샅이 찾아봐!"

뒤쫓아온 군인들은 미친 듯이 교회 안을 뒤졌지만, 다행히 기도 드리고 있는 사람들에게는 눈길도 주지 않았다. 군인들이 우르르 밖으로 몰려 나가자, 리고베르타는 재빨리 다른 방향으로 도망쳤다.

'이젠 무섭다는 생각도 안 든다. 다만, 죽고 싶지 않다! 이런 꼴로 죽고 싶진 않아!'

가까스로 군인들을 따돌린 리고베르타는 조직의 도움으로 한 수도원에 간신히 몸을 숨겼다. 하지만 그 수도원에도 비밀경찰들이 드나들기 시작하자, 친구들은 리고베르타를 외국으로 탈출시키기 위해 애를 썼다. 자신의 생명을 지켜 주려는 사람들을 위해서라도 리고베르타는 더 이상 과테말라에 머물 수 없었다.

1981년, 결국 리고베르타는 멕시코로 가는 비행기에 올랐다.

'가능한 한 빨리 과테말라로 돌아오자. 돌아와서 활동을 계속하

는 거야!'

과테말라를 떠나며 그렇게 마음먹었지만, 리고베르타는 무려 13년이나 과테말라로 돌아가지 못하고 망명 생활을 해야만 했다. 그 긴 세월 동안 조국 과테말라는 여전히 인디헤나들을 억압하고 살해하는 설움의 땅, 그대로였다.

멕시코에서 리고베르타는 처음에는 수도원에서, 그 다음에는 유엔 위원회에서 일을 했다. 하지만 마음은 언제나 꿈에도 그립기만 한 조국 과테말라에 가 있었다.

"왜 그런 위험한 나라로 돌아가려고 하죠?"

멕시코에서 만난 외국 친구들은 이해하지 못했지만, 리고베르타는 어떻게든 빨리 과테말라로 돌아가고 싶었다. 그러나 그것은 지금 당장에는 이룰 수 없는 꿈이었다.

'그렇다면 나는 과연 무엇을 해야 할까?'

과테말라 바깥에서 과테말라를 위해 할 수 있는 일! 리고베르타는 곧 그 일을 찾아냈다. 바로 전 세계의 모든 사람들에게 과테말라 인디헤나의 존재와 가치, 그리고 절박한 싸움을 알리는 일이었다. 리고베르타는 여러 곳을 다니며 사람들에지 자신과 자신의 가족에게 일어난 일들을 이야기했다. 리고베르타의 진실이 담긴 연설은 사람들에게 큰 감동을 주었고, 미국과 유럽에서도 초청이 이어졌다.

리고베르타 멘추는 8일간 파리에 있는 우리 집에 머물며 에스파냐어로 자신의 이야기를 녹음하였습니다. 리고베르타는 5세기에 걸쳐 인디헤나들이 당해 온 억압과 착취에 대해 이야기했지만, 그것은 희생자들의 죽음이 헛되지 않기를 바라는 마음일 뿐 그밖에 어떤 의도도 갖고 있지 않았습니다. 잊을 수 없는 싸움, 그것은 우리 자신들도 반성하게 만듭니다. 우리 자신도 사실은 억압자로, 식민지적 관계를 방관해 온 책임이 있습니다.

- 구술 자서전 〈나, 리고베르타 멘추〉, 엘리자베스 부르고스의 말 중에서

리고베르타의 고발과 증언은 인류학자 엘리자베스 부르고스에 의해 책으로 엮어져 전 세계적으로 큰 반향을 불러일으켰다. 세계의 수많은 사람들이 이 책을 통해 과테말라 인디헤나들의 비참한 현실을 알게 되었고, 더 이상 비인간적인 사건들에 눈감지 않기로 마음먹었다.

1988년, 리고베르타는 민족 화해 위원회가 주최한 국민과의 대화에 참여하기 위해 잠시 과테말라로 돌아갔다가 비행기 안에서 체포되었다. 이 소식이 알려지자 세계 각국에서 거센 비난이 쏟아졌고, 난처해진 정부는 곧바로 리고베르타를 풀어 줄 수밖에 없었다.

그리고 4년 뒤인 1992년, 리고베르타에게 노벨 평화상이 주어졌다. 노벨상은 새롭게 들어선 과테말라 정부와 게릴라, 국민 모두의

대화에 참여하고 화해를 이끌어 내려고 노력하고 있는 리고베르타에게 큰 힘을 실어 주었다. 리고베르타의 나이 서른세 살, 콜럼버스가 아메리카 대륙을 발견한 지 꼭 500년 되는 해의 일이었다.

정부와 게릴라 사이의 회담이 진전되면서 리고베르타는 1994년, 드디어 과테말라로 완전히 돌아올 수 있었다. 돌아온 리고베르타는 키체 지방의 고지대에 땅을 사서 옥수수 농사부터 짓기 시작했다. 옥수수에서 사람이 만들어졌다는 마야의 전설처럼, 옥수수는 마야

노벨 평화상 상금으로 만든 재단

리고베르타는 노벨상과 함께 주어진 상금으로 재단을 세웠다. 멕시코시티와 미국, 과테말라시티, 모두 세 곳에 지부를 둔 리고베르타 멘추 툼 재단은 '평화, 민주주의, 인권 증진'을 목표로 원주민, 여성, 아이들의 삶을 발전시키는 일에 힘을 쏟고 있다. 재단이 추진한 '원주민 종족 정상 회의'에는 200명이 넘는 전 세계 원주민 대표들이 참석해, 원주민의 교육과 의료, 인권 향상을 위해 어떻게 노력할지 생각을 모았다.

리고베르타는 또 유엔 친선 대사로서, 과테말라뿐만 아니라 전 세계 모든 원주민들의 인권 운동에 발벗고 나섰다. 그 결과, 유엔은 1994년부터 2004년까지 '세계 원주민들을 위한 10년간'이라는 이름 아래 이들을 지원하는 활동을 시작했고, 이후 2014년까지 두 번째 10년간을 다시 정하기도 했다.

의 후손인 과테말라 인디헤나를 키우는 에너지였다. 그러나 그 소박한 옥수수 농사조차도 정부는 훼방을 놓았다. 아무리 정권이 바뀌었다 해도 과거 독재 정권 아래에서 재산을 불린 부자들은 변함없이 사악했고, 과테말라를 여전히 가난한 나라로 발목 잡고 있었던 것이다. 그러나 리고베르타는 희망을 잃지 않고 더 열심히 투쟁할 것을 다짐했다.

이듬해 3월, 리고베르타는 프란치스코 카니와 결혼했다. 얼마 뒤 아들을 낳았고, 리고베르타는 자신의 어머니처럼 강인하고 용감한 어머니가 되었다.

"나는 우리 아이들이 전쟁의 충격을 경험하지 않도록 보호하고 또 보호할 것입니다. 세계 평화와 민주주의는 각 민족과 문화에 대한 존중에서 비롯된다는 분명한 사실을 알릴 것입니다. 그리하

여 아직도 끝나지 않은 인디헤나들의 아름다운 이야기를 들려주고 또 들려줄 것입니다."

36년간 20여만 명을 죽음으로 몰아넣은 시민 전쟁이 1996년, 마침내 끝이 났다. 하지만 완전한 평화는 억울하게 죽은 사람들의 인권이 회복되는 날에야 찾아올 일이었다. 리고베르타는 보다 명확한 대량 학살의 진실을 알리고, 다시 있어서는 안 될 잔혹한 인권 침해에 관한 책임을 묻는 데 온 힘을 쏟았다. 리고베르타의 활동은 과테말라의 민주화를 넘어, 인권과 세계 평화를 위해 세계인들의 마음을 모으는 디딤돌이 되었다.

2007년, 과테말라 대통령 선거에 출마한 리고베르타는 "내가 정치에 뛰어든 것은 대통령이 되겠다는 것보다, 이름도 성도 없이 고통당하는 가난하고 헐벗은 우리 인디헤나들의 권익을 찾으려는 데 더욱 큰 뜻이 있다."고 말했다.

총 16명의 대선 후보 중 6등을 차지하고 낙선한 리고베르타는 오는 2011년 대선에도 출마하겠다는 계획이다. 인디헤나의 영토권과 마야 문화의 계승, 그리고 사회적 불평등을 없애기 위한 인권 운동에서 출발한 리고베르타의 신념이 정치적인 열매로 튼실히 성장할 수 있도록 세계가 따뜻한 응원의 눈으로 지켜보고 있다.

리고베르타 멘추의 생애

1959년　1월 9일, 과테말라 북서부 키체 지방의 치멜 마을에서 아버지 비센테 멘추와 어머니 후아나 툼의 여섯째 딸로 태어남.

1960년　1세　토지 소유의 부당 분배와 과테말라 주민의 3분의 2에 해당하는 인디헤나 배격을 이유로 과테말라 시민 전쟁이 시작됨.

1967년　8세　커피 농장, 목화 농장 등에서 일하기 시작함. 비인간적인 노동 환경에서 어린 남동생 니콜라스가 영양실조로 죽음.

1970년　11세　가톨릭교회의 선교사 보조자 역할을 시작함.

1972년　13세　친구 마리아가 목화 농장에서 일하다가 사망하는 사건으로 깊은 절망에 빠짐. 수도 과테말라시티로 가서 하녀로 일함.

1973년　14세　감옥에 갇혔던 아버지가 감옥 안에서 만난 인권 단체 지도자를 통해 '캄페시노 단결 위원회'에 가입함.

1974년　15세　하녀 일을 그만두고 가족들, 주민들과 함께 투쟁하기로 결심함.

1977년　18세　석방 이후 농민 단체 '농민 연합 위원회'를 결성한 아버지를 도와 온 가족이 공동체 조직 운동에 나섬. 도미니크회 수도원에서 체계적인 에스파냐 어 수업을 받음.

1978년　19세　산속에 공동체 방어 마을을 세우고 지주들이 보낸 군대에 대항함. 다른 인디헤나 마을을 돕기 위해 가족들이 뿔뿔이 흩어짐.

1979년　20세　사탕수수, 커피, 목화 농장을 돌며 지도자 활동을 시작함. 16세였던 남동생 페트로치오니가 붙잡혀 고문을 당하다 죽음.

1980년　21세　에스파냐 대사관을 점거한 농민 연합 위원회의 투쟁 때 아버지

		가 사망함. 이후 대규모 농민 파업에 가담함. 어머니가 잡혀가 혹독한 고문을 당한 뒤 살해됨.
1981년	22세	과테말라를 탈출한 이후 13년간 멕시코에서 지냄.
1982년	23세	인류학자 엘리자베스 부르고스에게 자신의 이야기를 구술함.
1983년	24세	구술 자서전 〈나, 리고베르타 멘추〉가 출간됨.
1988년	29세	잠시 과테말라로 돌아왔다가 비행기 안에서 체포되었으나, 국제적인 압력이 거세지자 며칠 뒤 석방됨.
1990년	31세	정부와 게릴라 간의 화해에 이바지한 공로로 '유네스코 평화 교육상'을 받음.
1991년	32세	프랑스 '자유 인권 옹호 위원회상'을 받음.
1992년	33세	노벨 평화상을 받음. 상금으로 리고베르타 멘추 툼 재단을 세우고 원주민 공동체의 생활 개선 활동을 지원함.
1993년	34세	유엔 친선 대사를 맡아 과테말라는 물론 전 세계 원주민들의 인권 향상을 위해 노력함.
1994년	35세	과테말라로 돌아와 키체 지방의 고지대에 땅을 사서 옥수수 농사를 짓기 시작함.
1995년	36세	3월, 프란치스코 카니와 결혼함.
1996년	37세	게릴라와 정부 간의 부분 타협을 이끌어 내어 36년간 20여만 명을 죽음으로 몰아넣은 시민 전쟁이 끝남.
1998년	39세	에스파냐에서 가장 권위 있는 상인 '아스투리아스 왕자상'을 받음.
2007년	48세	원주민 여성으로는 최초로 대통령 선거에 출마했으나 낙선함.
2009년	50세	이화여대 평화학 연구소 초청으로 우리나라를 방문함.

CAMILLE CLAUDEL

나는 조각가 이전에 돌을 이해하고 잘 다룰 줄 아는 사람이고 싶어요.
만일 어떤 사람이 내 대리석 작품에 손을 대서 금이라도 가게 한다면
난 틀림없이 미쳐 버리고 말 거예요.
나는 내 작품을 커다란 대리석 덩어리에서 흠집 하나 없이
완전하게 빠져나오도록 하고 싶어요.
바로 그 순간이 내가 가장 행복한 때니까요.

열정의 천재 조각가 카미유 클로델
(1864~1943)

프랑스의 조각가.
뛰어난 영감과 열정, 타고난 재능으로 훌륭한 작품들을 많이 남겼다.
조각가 로댕과의 이룰 수 없는 사랑과
예술가로서의 여성을 천대하던 시대적 상황에 큰 상처를 받아
30년간 정신 병원에서 갇혀 지내다가 쓸쓸히 삶을 마쳤다.

카미유를 기억하다 1 - 바위 제앵

바위 제앵.

카미유 클로델이라……. 글쎄, 기억이 가물가물한걸. 내 아무리 프랑스 빌뇌브 숲 속 한자리에 붙박여 있었다지만 그래도 그 세월이 얼마나 오랜데! 봄바람에 꽃 피고, 겨울바람에 눈 날리던 일이 수천, 수만 번이나 되풀이된걸. 그동안 내가 만난 사람들이 어디 한둘이었어야 말이지. 나를 보자마자 무섭다고 울음을 터뜨리는 아이가 있는가 하면, 냉큼 뛰어올라 이쪽저쪽 뛰어다니고, 소리 지르고, 구르고, 넘어지고, 낙서하고……. 어이쿠, 그런 아이들이 얼마나 많았던지!

그래도 기억을 더듬어 봐야지. 가만있어 보자, 1876년쯤이라……. 카미유, 카미유, 카미유 클로델……. 옳아, 이제 생각났다! 아주 오래전에 내게 왔던 그 소녀! 이제야 기억이 나는구면. 그 특별했던 아이를 잊을 수야 없지!

   열두세 살쯤 되었을까? 이마가 반듯한 아이였지. 깊고 짙은 푸른색 눈동자도 무척이나 인상적이었고. 그날 카미유는 반짝이는 검은 머리칼을 풀어헤치고 가쁜 숨을 내쉬며 내 앞까지 단숨에 뛰어왔어. 헐렁한 바지가 흘러내릴까 봐 한 손으로 허리춤을 꼭 잡고

있었는데, 그 모습이 어찌나 귀엽던지! 그 애는 작은 입을 동그랗게 벌리고 한참이나 나를 쳐다보더니, 곁에 있던 동생을 와락 끌어안으며 소리치더군.

"폴! 정말 멋지지 않니? 꼭 돌이 부풀어 오른 것 같아. 너무 신비해서 기분이 이상할 정도야."

폴은 다른 아이들처럼 내가 무서웠나 봐. 아무 대답도 않고 누나 손만 꼭 붙들었지. 그때 난 딱 알아챘어! 카미유라는 이 소녀, 아주 특별한 아이로구나, 하고 말이야.

그 뒤로 카미유는 곧잘 숲으로 놀러 나왔어. 밖에 못 나가게 하는 엄마 몰래 말이야. 여자라면 으레 입어야 할 치마는 훌렁 벗어던진 채 사촌한테 빌려 입은 헐렁한 바지 차림으로 달음박질쳐 오곤 했지. 그러고는 어찌나 찬찬히 나를 뜯어보던지, 내가 다 지루할 정도였어. 카미유는 참을성 있게 오래도록 나를 쓰다듬고는 가만히 말을 붙였어.

"제앵! 이렇게 크고 울퉁불퉁한데, 이렇게 거칠고 딱딱한데, 그래서 사람들마다 괴물 바위라고 놀리는데, 그런데도 나는 네가 정말 아름다워! 너만 보면 즐겁고 가슴에서 힘이 솟아나는 것만 같아. 도대체 무슨 비밀을 감추고 있는 거니? 정말 알고 싶어! 나한테만 살짝 말해 줄래?"

나는 그런 카미유가 너무나 사랑스러웠어. 그래서 카미유를 좀더

주의 깊게 살펴보았는데, 그 애는 소아마비를 앓아 한쪽 다리를 좀 절뚝거리더군. 호주머니에 조그만 칼을 넣어 가지고 다니는 것도 흥미로웠지. 그 칼로 나무 열매를 자르거나 나무 껍질을 벗기고, 진흙덩이를 잘게 부스러뜨리기도 했어. 카미유는 사물의 속을 샅샅이 파헤쳐

열네 살 때의 카미유.

본 다음 다시 구성하는 것을 좋아했던 거야.

　어느 날부턴가 카미유는 진흙으로 내 도습을 만들기 시작했어. 동생 폴에게 위대한 조각가가 되고 싶다고 마음속 비밀을 털어놓은 그 다음 날부터였지. 카미유가 진흙을 빚어 무언가를 만들어 내는 솜씨야 벌써부터 알고 있었지만, 나를 만들어 보겠다니 슬쩍 긴장이 되더군.

　더구나 이번엔 또 얼마나 혼날까 싶어 어찌나 걱정이 되던지. 저번에도 젖은 흙을 한 자루나 실어 가겠다고 고집부리다가 어머니에게 뺨까지 맞았거든. 그런데도 카미유는 눈물 한 방울 안 흘리고 흙에서 손도 떼지 않더라니까. 그러니 내가 걱정이 안 되겠느냐고.

　하지만 카미유는 그때 일은 까마득히 잊은 듯 천사같이 해맑은 얼굴로 흙을 빚는 일에 푹 빠져 있었어. 나는 작업을 하는 동안 몇 번

이나 혼잣말을 하는 카미유의 입술을 가만히 지켜보았어.

'제앵! 네 선이 간직한 비밀, 네 마음을 보여 줄게.'

카미유의 정성과 눈빛 때문에 내 가슴은 온통 촉촉해졌어. 나는 정말이지 충분히 사랑받고 있다는 느낌을 받았던 거야. 그때부터 난 굳게 믿었어. 이 어린 아가씨 카미유는 정말 위대한 조각가가 될 거라고 말이야. 점토로 빚어 만든 내 모습도 얼마나 근사했던지…….

몇 년 뒤 우리는 이별을 해야 했어. 카미유네 가족이 파리로 이사를 갔거든. 그 뒤로 두 번 다시 그 애를 보지 못했어. 세월이 아주 많이 흘렀으니 카미유도 이제 하늘나라에 가 있겠지. 하지만 그 애는 분명 아주 위대한 조각가로 살다 갔을 거야! 그럼, 그렇고말고!

그 아이가 살던 19세기 말은 지금과는 많이 달라서 여자가 무슨 일을 하든 어려움이 많이 따랐겠지. 맙소사! 따져 보니 100년도 훨씬 전의 일이로군! 하지만 카미유라면 그런 것들 따위는 아랑곳하지 않았을걸. 카미유는 자기가 하고 싶은 일에 모든 걸 바치는 당찬 아이였으니까!

자, 그 아이가 어떤 삶을 살았는지, 위대한 예술가의 이야기를 들려줘.

카미유를 기억하다 2 - '13세의 폴 클로델'

'13세의 폴 클로델', 청동, 1881년

분명한 사실은 카미유가 아주 훌륭한 조각가였다는 거예요.

아버지와 어머니, 그리고 동생인 루이즈와 폴까지, 가족들은 언제나 카미유의 모델이 되었어요. 특히 남동생 폴을 많이 조각했지요. 카미유의 작품 속에서는 나이를 먹으며 점점 변해 가는 폴의 모습을 볼 수 있어요. 13세의 폴 클로델, 16세의 폴 클로델, 20세의 폴 클로델, 37세의 폴 클로델, 42세의 폴 클로델 등등. 그중에 '13세의 폴 클로델' 흉상인 나는, 카미유가 열일곱 살 때 조각한 첫 번째 폴이랍니다. 처음에는 석고로 만들어졌고, 나중에 청동으로도 제작되었지요.

지금도 기억이 생생해요. 나를 조각하던 카미유의 부드러운 손길과 거친 호흡, 가끔씩 내뱉던 혼잣말까지도! 카미유가 얼마나 뜨거운 열정으로 나를 조각했는지, 우리가 함께 녹아 버리는 건 아닐까 가슴이 조마조마할 정도였다니까요. 특히 내 귀를 조각할 때 들인 정성은 얼마나 대단했는지 몰라요. 뭉툭한 덩어리에서 매끄러운 귀 모양이 나올 때까지, 카미유는 나를 깎고 또 깎고 문지르기를 수없이 반복했어요. 조각칼을 쥔 손가락과 손목의 힘을 아주 세심하게 조절하면서 말이에요.

한번 작업을 시작하면, 카미유는 조각 외에는 아무것도 생각하지 않았어요. 어머니의 말대로 꼭 '조각에 미친 여자' 같았지요. 나는 바로 그런 카미유가 멋져 보이고 좋았지만, 모두들 그렇게 생각하는 건 아니었어요. 특히 어머니는 남자들이나 하는 조각에 빠져 있는 카미유를 몹시 못마땅하게 여겼지요.

완고하고 엄격한 어머니는 카미유를 이해하지 못했어요. 벌거벗은 몸을 빤히 쳐다보며, 그와 똑같이 만들려고 뭔가 깎아 대고 주물러 대는 조각가는 아주 천한 직업이라고 생각했거든요. 사실, 그 당시 대부분의 사람들이 카미유의 어머니처럼 생각했답니다.

카미유가 집안의 망신거리라고 여겼던 어머니와 달리 아버지는 언제나 맏딸인 카미유 편이었어요. 어려서부터 잠자는 것도 잊은 채 흙으로 온갖 형상을 빚는 일에 열중하던 카미유를 이해하고 재능을 키워 주려고 노력했지요. 아버지는 카미유의 조각 공부를 위해

1880년, 온 가족을 파리로 이사시키기까지 했어요. 아버지 혼자만 직장이 있던 와시에 남고요.

하지만 카미유는 국립 예술 학교에 입학하지 못했어요. 그때만 해도 그 학교는 여학생을 받아 주지 않았거든요. 하는 수 없이 카미유는 사립 미술 학교인 콜라로시 아카데미에 입학하여 본격적인 조각 공부를 시작했어요. 파리에 오기 전 카미유에게 조각의 기초를 가르

'할머니 엘렌', 청동, 1882년

쳐 주었던 알프레드 부셰 선생님도 가끔씩 찾아와 카미유를 지도해 주었지요.

카미유는 미켈란젤로와 같은 위대한 조각가를 꿈꾸며 조각 공부에 온 힘을 기울였어요. 카미유가 처음으로 전시회에 낸 작품, '할머니 엘렌'은 신중하고 사려 깊은 작품이라는 호평을 받았어요.

1883년, 이탈리아로 떠나게 된 부셰 선생님은 카미유를 자신의 친구인 로댕에게 소개했어요. 당시 가장 주목받는 조각가였던 바로 그 오귀스트 로댕 말이에요.

나는 수염이 텁수룩한 이 사람이 정말 마음에 안 들었어요. 목소리도 안 좋은데다가, 말할 때 갑자기 머리를 흔드는 이상한 버릇까지 있더라고요. 게다가 어찌나 늙어 보였던지! 카미유는 이제 열아홉 살이 된 아름다운 아가씨인데, 로댕은 마흔세 살이나 된 아저씨였으니까요.

두 사람이 처음 만난 날만 해도 그래요. 로댕은 카미유의 조각들을 천천히 훑어보면서 이것저것 트집을 잡는 거예요.

"사람의 얼굴은 완벽하게 균형이 잡혀 있지 않아. 옆에서 얼굴을 그리는 일을 좀더 연습해. 윤곽을 잡는 게 중요하니까! 넌 하나의 선만 드러내고 싶어해. 그러면 대조가 너무 뚜렷해지지. 부드러움

이 없어. 너무 거칠고 난폭하고……. 그러니 이렇게 마디가 많아지는 거야. 세상엔 흰색과 검은색만 있는 게 아니야. 그 사이엔 짙고 옅은 회색이나 베이지색이 도는 흰색들도 있어. 네 작품에 그것들을 넣을 자리를 마련해 봐."

카미유가 입술을 꼭 깨무는 게 보였어요. 나는 혹시라도 카미유가 로댕에게 석고덩이를 집어던지지나 않을까 걱정이 되었어요.

그때, 로댕이 다시 입을 열었어요. 바로 나를 가리키면서 말이에요.

"이 작품은 아주 좋군. 특히 귀의 특징을 잘 살린 데 깜짝 놀랐어. 눈꺼풀도 잘 갈라지고, 선도 살아 있어. 작품 여기저기에 생명이 숨쉬고 있구나. 조각의 가장 어려운 점은 바로 그 생명을 찾아내는 것이지."

로댕은 옆에 놓여 있던 조각 '할머니 엘렌'도 꼼꼼히 뜯어보며 말했어요.

"이 작품도 맘에 들어. 무엇보다 미소와 눈빛이 아주 생생해. 이 작품을 작년 전시회에 출품했었다고? 이 작품에서도 거칠면서도 섬세한 너만의 에너지가 느껴져. 카미유 클로델! 내 작업실에 나와 날 도와줄 수 있을까? 부탁이야."

깜짝 놀란 카미유의 눈동자가 흔들리고 있었어요. 로댕에게 함께 지도를 받는 여자들 중에서 이런 제안을 받은 사람은 카미유 혼자뿐이었거든요. 그 유명한 로댕의 작업실에서 다른 남자 조각가들과 어깨를 겨루며 당당히 일할 수 있다니! 위대한 조각가를 꿈꾸는 카미유에게 드디어 기회가 온 거예요.

그러나 그 멋진 제안이 내게는 자꾸 불안하게 생각되지 뭐예요. 카미유는, 아니 로댕은, 아니아니 그 둘은 너무 닮았거든요. 조각에 대한 열정이 두 사람의 마음속에 똑같이 폭풍처럼 휘몰아치고 있었지요. 폭풍 같은 열정은 예술가에게 꼭 필요한 것이지만, 때로는 고요함 속에서 지혜로운 생각을 불러들일 줄도 알아야 하는데……. 카미유와 로댕은 마냥 폭풍 같은 열정만을 가진 예술가들이었어요. 폭풍과 폭풍이 만나 도저히 어찌해 볼 수 없는 힘센 폭풍우로 변해 버린다면, 많은 것들을 파괴시키는 불행을 낳기도 하는걸요.

아, 자꾸만 불길한 예감이 들어요!

조각 예술 이해하기

조각은 덩어리와 공간의 아름다움을 표현하는 예술이다. 무엇을 어떻게 만들었는가 하는 형태와 표현도 중요하지만, 어떤 재료를 썼느냐에 따라 그 느낌이 달라진다. 보통 조각의 재료가 되는 것으로는 석고, 점토(테라코타, 지점토, 유토), 주물(구리, 청동, 황동, 알루미늄 등), 석조(대리석, 화강암 등), 실리콘과 왁스(밀랍, 파라핀 등), 철강, 나무 등이 있다.

조각은 작품을 구상하고 실제로 작업하여 완성하는 기간이 꽤 길어서 몇 년씩 걸릴 때도 많다. 또한 이미 완성된 작품을 크기나 재료를 달리하여 다시 제작하기도 하고, 원형은 남긴 채 청동 등으로 그 틀을 떠서 복사 제품을 만들어 팔기도 한다. 판화를 제외하고 단 한 장의 그림만을 남기는 다른 미술 장르와는 차이가 있다.

카미유를 기억하다 3 - '사쿤탈라'

'사쿤탈라', 대리석, 1905년

사쿤탈라는 본래 인도 전설에 나오는 여자 주인공의 이름이랍니다. 카미유는 마법에 걸려 시력과 목소리를 잃고 방황하던 사쿤탈라가 마침내 남편을 만나 서로 껴안은 장면을 조각하고, '사쿤탈라'라는 이름을 붙였어요. 그래서 나는 이렇게 무릎을 꿇은 채 키스하는 남편과 남편에게 고개를 숙인 여인의 모습을 하고 있지요.

카미유는 아주 오랫동안 나를 만들었어요. 스케치만도 수백 장에, 공들여 작업한 조각들을 부수고 또 만들고, 부수고 또 만들기를 스무 번도 넘게 반복했지요. 카미유는 흙을 다루는 솜씨가 워낙 좋아서 형태를 만들어 내는 일에도 손이 잿지만, 마음에 들지 않는 조각을 부수는 일도 아주 빨랐거든요.

　카미유가 그토록 정성을 들인 나는 다행히도 모든 사람들의 눈길을 끄는 조각이 되었답니다. 1888년, 프랑스 예술가 살롱전에서 최고상을 받으며 칭찬도 듬뿍 받았지요. '근육이 잘 드러난 남자의 강인한 모습이 연약해 보이는 여자의 곡선과 대조를 이루며, 아름답고도 슬픈 사랑의 위로를 전하는 조각'이라고 말이에요. 석고로 만들어졌던 나는 나중에 좀더 크게 대리석으로도 조각되었지요.

　"우리 공주님, 이제 겨우 시작이야! 카미유, 당신은 앞으로 더 유명해질 거라고."

　"유명해지는 일 따위는 관심 없어요. 나는 그냥 조각에 몰두할 수 있고, 또 당신과 결혼할 수만 있다면 그것으로 만족해요, 로댕!"

　나를 앞에 두고 카미유와 로댕은 즐겁게 춤을 추었어요. 조각에 대한 폭풍 같은 열정을 갖고 있는 두 사람이 어느 사이엔가 불 같은 사랑에 빠진 거예요. 스물네 살이라는 나이 차이도 문제가 되지 않았지요. 사람들은 내 아름다움을 칭찬했지만, 사실 나의 아름다움은 카미유의 마음을 반짝이게 한 사랑에서 비롯된걸요.

　어쩌면 나, 사쿤탈라의 여자는 카미유 자신이고, 남자는 로댕일지도 모르겠어요. 카미유는 로댕에게 기대고 싶었던 게 아니었을까요? 늘 강한 척했지만, 사실 카미유는 몹시 힘들었거든요.

　로댕의 작업실에서 조수로 일하기 시작한 날부터, 카미유는 한시

도 마음 편한 적이 없었어요. 여자 모델들은 카미유 앞에서는 옷을 벗지 않겠다며 고집을 피웠고, 함께 조수로 일하던 남자 조각가들은 걸핏하면 카미유를 비웃었어요. 로댕과 사랑에 빠지면서 로댕의 모델까지 서자, 어머니는 카미유를 집에서 쫓아냈어요.

  로댕의 조수로 일하는 것도 힘에 부쳤어요. 카미유의 천재적인 재능을 알고 있는 로댕은 조각을 할 때마다 카미유의 의견을 먼저 물

었고, 특히 손이나 발 같은 조각의 가장 섬세한 부분들만큼은 꼭 카미유에게 맡겼어요. 로댕의 아주 유명한 작품들인 '지옥의 문', '칼레의 시민' 같은 대작 속에는 카미유의 솜씨도 들어가 있지요. 이렇게 작업량이 많다 보니, 정작 카미유는 자기 작품을 만들 시간이 부족했어요. 시간을 쪼개어 스케치나 습작을 쉬지 않는 카미유를 보며, 나는 카미유의 건강을 걱정했어요.

그러나 무엇보다 힘들었던 것은 로댕에게 이미 아내가 있다는 사

열정의 천재 조각가, 카미유 클로델

카미유 클로델의 '로댕의 흉상'.

실이었어요. 정식으로 결혼하지는 않았지만 오랫동안 자신을 헌신적으로 보살펴 온 아내 로즈와 카미유 사이에서 로댕은 어정쩡한 태도를 보였어요. 그러니 남의 말하기 좋아하는 사람들 사이에서 카미유는 언제나 입방아에 올라 온갖 비난을 들어야 했지요.

그러나 카미유는 로댕을 믿었어요. 로댕은 훌륭한 조각가이자 스승이었고, 무엇보다 지금 자신이 너무나 사랑하는 연인이었으니까요. 바로 그 마음을 담아 카미유는 '로댕의 흉상'을 만들었어요. 표현이 자유로우면서도 힘찬 훌륭한 작품이었죠.

로댕 역시 카미유를 사랑하는 마음은 진심이었어요. 먼저 카미유의 흉상을 조각해 선물한 사람도 로댕이었어요. 로댕에게 카미유는 새로운 영감과 에너지를 불어넣어 주는 여신과 같은 존재였어요. 대작 '지옥의 문'에 들어간 '무릎 꿇은 목신의 요정'이나 '다나이드' 같은 작품은 로댕이 카미유를 모델로 만든 작품들이지요. 부드럽고 우아한 카미유의 몸을 사랑하는 로댕의 사랑스러운 눈길이 그대로 느껴지는 아름다운 조각들이랍니다.

카미유와 로댕은 함께 작업하면서 뛰어난 작품을 많이 만들었는데, 두 사람의 작품 중에는 서로 구별이 되지 않을 만큼 비슷한 것도 있어요. 사랑과 조각에 대한 생각과 감정을 함께 나누는 사이였으니 그럴 만도 했지요. 하지만 그럴 때마다 사람들은 카미유를 욕했어요. 카미유의 '밀단을 진 소녀'와 로댕의 '갈라테아', 카미유의 '생각하는 남자'와 로댕의 '생각하는 남자', 카미유의 '왈츠'와 로댕의 '입맞춤'을 본 사람들은 뒤돌아서서 쑥덕거렸지요.

로댕의 '입맞춤'.

"뭐야, 거의 똑같잖아! 카미유란 여자, 로댕의 조각들을 마구 베끼는 거 아냐?"

"정말 형편없는 여자군. 이런 여자는 아예 조각을 하지 못하게 해야 해."

로댕은 계속 아내와 카미유 사이를 갈팡질팡했고, 카미유의 조각은 팔리지 않았어요. 이제는 전시회도 열 수 없었지요. 카미유는 점점 절망에 빠졌어요. 뱃속에 든 로댕의 아이마저 유

카미유 클로델의 '왈츠'.

열정의 천재 조각가, 카미유 클로델 221

산되자, 카미유는 정말 죽고만 싶었어요.

　오, 가엾은 카미유!

표절일까, 아닐까?

　예술 작품의 표절 논쟁이 붙을 때, 보통 누구의 것이 먼저 만들어졌느냐를 기준으로 판단하는데, '밀단을 진 소녀'의 경우 카미유가 먼저 제작한 사실이 확인되어 로댕의 '갈라테아'가 표절의 의심을 사고 있다.

　예술 작품에서 표절의 기준과 심사는 아주 전문적인데다가 조심스러워서 함부로 판단할 수 없다. 그러나 카미유와 로댕이 서로 영향을 주고받았고,

카미유 클로델의 '밀단을 진 소녀'.

로댕의 '갈라테아'.

그 덕분에 더 훌륭한 작품들을 만들어 냈다는 사실만큼은 분명하다. 카미유는 로댕을 만난 이후로 단단하고 육감적으로 느껴지는 인체의 움직임을 표현하게 되었다. 힘이 넘치는 강하고 엄격한 분위기를 좋아했던 로댕 역시 카미유를 만난 뒤로 유연하고 섬세한 조각을 시작했다.

　두 사람은 헤어진 이후로도 꾸준히 자기만의 독창적인 변화들을 실험했고, 남겨진 작품들이 바로 이들의 솜씨를 보여 주고 있다.

카미유를 기억하다 4 - '뜬소문'

'뜬소문', 옥, 1895~1897년

　카미유는 대리석을 좋아했어요. 보통의 조각가들은 숙련된 기술자에게 초벌깎기를 맡기고 마지막 손질만 하는데, 카미유는 달랐어요. 작업실로 가져온 단단한 돌덩이를 처음부터 직접 깎아 내곤 했지요. 게다가 모형도 뜨지 않은 채 처음부터 실물 크기로 작업을 시작했어요. 그러지 않으면 작품에 감정을 싣는 일이 더뎌진다고 생각했거든요.

　작업실로 실려 온 커다란 돌덩이는 변신에 대한 기대로 잔뜩 부풀어 제 몸을 카미유의 손에 모두 내맡기지요. 물론, 나, '뜬소문'도 그랬죠! 그럼 정말 놀라운 마술이 펼쳐지는 거예요. 차갑고 딱딱한 돌덩이에서 부드러운 곡선이 나오며 점점 따뜻해지지요. 정말이에요! 다른 사람은 몰라도, 조각가와 작품만큼은 그 순간을 느낄 수 있어요. 서로가 아주 뜨거워지는 바로 그 순간 말이에요. 언젠가 카미유는 이런 말도 했어요.

"대리석은 정말 섬세한 재료예요. 끌을 잘못 넣으면 그대로 부서져 버리고 말지요. 나는 조각가 이전에 돌을 이해하고 잘 다룰 줄 아는 사람이고 싶어요. 만일 어떤 사람이 내 대리석 작품에 손을 대서 금이라도 가게 한다면 난 틀림없이 미쳐 버리고 말 거예요. 나는 내 작품을 커다란 대리석 덩어리에서 흠집 하나 없이 완전하게 빠져나오도록 하고 싶어요. 바로 그 순간이 내가 가장 행복한 때니까요."

처음에 석고와 대리석으로 만들어졌던 나는 전시회에 내기 위해 옥으로 다시 만들어졌어요. 옥이라니! 아무도 옥에 직접 조각할 생각을 못 했을걸요. 어때요, 훨씬 고급스러운 느낌에 깊은 분위기가 더해졌지요?

나는 길 모퉁이에 모여 앉은 네 명의 여자랍니다. 한 사람은 열심히 이야기하고 나머지 셋은 귀 기울여 듣고 있지요. 머리를 맞대고 무언가 비밀스러운 이야기를 나누는 여자들의 나지막한 목소리가 들리는 것 같지 않나요?

"카미유란 여자 정말 웃겨요. 자기가 무슨 대단한 조각가인 줄 아나 본데, 로댕만 아니라면 아무도 그 여자한테 관심을 갖지 않을

걸요."

"로댕의 작품이나 베끼는 주제에 조각가는 무슨 조각가야! 그 여자한테 조각은 그냥 심심풀이라고요. 잘난 체하거나 멋있어 보이려는 거죠."

"그러게 여자가 무슨 조각을 한다고 그렇게 나대는지, 원. 집에서도 아주 골칫거리래요. 남동생은 외교관에 유명한 작가라던데, 집안 망신이지 뭐예요. 쯧쯧."

그래요, 카미유는 자신을 둘러싼 소문들을 알고 있었어요. 아무리 사람들의 이야기에 귀 기울이지 않으려고 애써도 결국엔 다 알게 되는걸요. 사실이 아닌 뜬소문들에 카미유는 더 깊은 상처를 받았어요. 카미유는 더 이상 이대로는 안 된다그 생각했어요. 어떻게든 달라지고 싶었지요.

로댕과 상관없는 카미유!

카미유는 그런 카미유가 되고 싶었어요. 그리고 어떤 소문과도 상관없는 카미유가 되겠다고 생각했지요. 카미유는 바로 그런 의지를 작품으로 표현하고 싶었던 거예요. 나는 나를 조각하며 다짐하고 또 다짐했던 카미유의 굳은 결심을 잘 알고 있어요.

'나는 혼자가 될 거야! 나는 이제 조각가 카미유 클로델이 될 거야. 어디 마음대로 지껄여 봐. 나는 끄떡도 안 해.'

정말로 카미유는 혼자가 되었어요. 스승이자 연인이었던 로댕을

떠나 혼자만의 작업실을 마련하고 조각에 몰두했지요.

　마침내 1897년 5월, 전시회에 나온 카미유 클로델의 작품들—그 중에도 특히 나 말이에요!—은 비평가들에게 큰 칭찬을 받으며 전시회를 성공으로 이끌었어요. 사람들은 이렇게 천재적인 작품은 처음 본다고 입을 모았어요. 그러나 그 시대 가장 훌륭한 조각가 오귀스트 로댕의 제자이자, 가장 훌륭한 젊은 소설가 폴 클로델의 누나라는 꼬리표만큼은 어떤 비평가의 글에서도 빠지지 않았지요.

　카미유의 의지는 '중년'과 '성숙'이라는 작품을 통해 표현되기도 했어요. 두 작품은 모두 추한 노파(로즈)에게 끌려가는 남자(로댕)와 무릎을 꿇고 그를 바라보는 여자(카미유)로 구성되어 있는데, 로댕과 그의 아내 로즈, 그리고 자신을 직접 드러냄으로써 자신의 문제를 보다 똑바로 바라보고 극복해 보려는 카미유의 마음이 담겨 있지요.

 그러나 카미유와 헤어진 로댕은 이 조각들이 공개되는 것이 너무 싫었나 봐요. 그래서 전시회에 작품을 내놓지 못하도록 미리 손을 써 두었지요. 그 사실을 알고 카미유는 미친 듯이 화를 냈어요. 사랑에서도, 예술에서도 로댕은 비겁했어요. 로댕은 아무렇게나 남의 말을 하는 그런 사람들보다 훨씬 나빴어요.

 '어쩌면 로댕이 스스로 떠벌리고 다니는 건 아닐까? 내가 자기 작품을 베낀다고 말이야! 내가 도운 로댕의 작품들 중에, 내가 생각해 낸 기술이나 조각한 부분까지 다 자기가 했다고 말하는 건 아닐까? 내 작품들도 모두 자신이 만들어 주었다고 한 건 아닐까?

카미유가 자신과 로댕, 그의 아내 로즈를 빗대어 만든 '중년'(왼쪽)과 '성숙'(오른쪽).

말도 안 돼! 안 돼!'

카미유의 의심은 눈덩이처럼 불어났어요. 어렵고 힘들게 일으켜 세운 카미유의 의지는 자꾸 비틀거렸어요. 이제 카미유를 지켜 줄 사람은 아무도 없는데……. 아버지는 점점 쇠약해지고, 어머니는 여전히 카미유를 받아들이지 않는데다가, 유난히 사랑했던 남동생 폴마저 결혼해서 중국으로 떠나 버렸지요.

제발 기운 내요, 카미유! 이젠 정말 혼자라고요. 아무리 힘들어도 좀더 기운을 내야 해요!

진실로 카미유를 사랑했지만

로댕 말고도 아름다운 여인 카미유 클로델을 흠모했던 남자들은 많았다. '목신의 오후에의 전주곡'으로 유명한 작곡가 클로드 드뷔시도 그중에 한 사람이다. 드뷔시는 카미유를 처음 보자마자 사랑을 느꼈지만 거절당하고 말았다. 드뷔시는 그때의 심정을 친구에게 보낸 편지에 이렇게 고백하고 있다.

"아! 진실로 카미유를 사랑했지만, 카미유의 닫힌 마음은 나의 부족한 사랑으로는 열 수 없었다네. 지금은 다시 살아날 것 같지 않은 괴로운 나날들을 보내고 있지만, 시간이 지나면 슬픔도 차츰 가라앉겠지."

카미유는 헤어지면서 드뷔시에게 '왈츠'라는 조각상을 선물했고, 드뷔시는 죽을 때까지 이 작품을 소중히 간직했다.

카미유를 기억하다 5 - '운명'

'운명', 청동, 1900년

카미유는 너무 가난했어요. 흙이나 대리석, 주물 같은 재료들은 아주 비쌌고, 모델료나 석공, 주물공 들에게 들어가는 돈도 만만치 않았지요.

예술가들에게는 도움을 주는 사람들이 필요했어요. 그러나 카미유를 후원하겠다고 나서는 사람은 아무도 없었어요. 비평가들은 카미유의 조각을 시대를 앞서 가는 훌륭한 작품이라며 칭찬했지만, 정작 조각을 사거나 만들어 달라고 주문하는 사람은 한 명도 없었지요. 여자 조각가, 그것도 나쁜 소문이 잔뜩 붙어다니는 여자 조각가에게 일을 맡기는 건 아무래도 내키지 않았던 거예요.

카미유는 끼니조차 잇기 힘들어도 조각을 손에서 놓지 않았지만,

상황은 점점 나빠졌어요.

'아무리 애를 써도 사람들은 내게서 로댕을 떼어 생각지 않아!'

카미유는 절망했어요.

'이게 내 운명인가 봐! 내가 소망하는 건 절대 이룰 수 없고, 오로지 절망에게만 이끌려 가는 운명……. 하지만 그런 운명 따위는 벗어던지고 싶어!'

카미유는 '운명'이라고 이름 붙인 나를 만들며 스스로의 운명을 계속 생각했어요.

돈이 없던 카미유는 맨 처음 나를 석고로 조각했어요. 머리와 팔은 앞을 향해 있지만 바퀴에 디딘 다리는 오히려 뒤로 당겨지는 듯한, 그래서 전혀 균형 잡히지 않은 여인의 모습이지요. 두 눈을 가린 여자는 술에 취한 것 같기도 하고, 혼자 춤을 추는 것 같기도 해요. 캐스터네츠를 손에 들고 있는 걸 보니, 플라멩코라도 추는 걸까요? 저항할 수 없는 어떤 리듬에 이끌려 제멋대로 휘둘러지는 팔과 그런 팔에 기댄 머리가, '원하지 않지만 어쩔 수 없이' 다가가는 듯한 모습을 나타낸 작품이 바로 나랍니다.

카미유는 나쁜 운명을 비웃어 주고 싶었던 거예요. 그리고 당당히 일어나 조각가로서 자기 운명을 개척하고 싶었지요. 비록 비참한 모습을 하고 있는 나지만, 내게는 카미유의 그런 마음이 담겨 있는 걸요.

카미유는 나를 으제니 블로라는 사람에게 팔았어요. 으제니는 그림을 사고 파는 화랑의 주인이었는데, 카미유에게 나를 청동으로 다시 제작하면 팔아 주겠다고 약속했지요. 구리와 주석 따위를 합친 청동은 주물을 떠서 만들어요. 뜨거운 불에 녹인 금속을 미리 만든 형태의 틀에 부어 굳어지게 하는 방법을 쓰지요. 이렇게 만들면 조각이 안팎으로 아주 단단해져서 거의 영구히 보존할 수 있는데다가 복제품도 여럿 만들 수 있답니다. 게다가 녹도 슬지 않고 표면의 질감도 아주 좋아서, 카미유도 만족했지요.

1905년, 으제니 블로 화랑에서 열린 '카미유 클로델 작품 전시회'에 나는 다른 작품들과 함께 전시되었어요. 그러나 카미유가 기대한 것처럼 작품이 잘 팔리지는 않았답니다. 아니, 사실은 그 정도가 아니었어요. 빌린 드레스를 입고 오랜만에 웃음짓고 있던 카미유가 전시장에서 만난 사람이라곤, 깊게 팬 주름살을 담배 연기로 감추며 나타난 여든 살의 아버지뿐이었지요. 전시회는 크게 실패한 채 막을 내렸어요.

'이제 내게 남은 건 지옥뿐! 이게 모두 로댕 때문이야! 저번 전시회에서도 로댕은 내 작품을 훔쳤어. 이번 전시회에도 사람들이 오지 못하게 손을 썼겠지.'

'클로토', 석고, 1893년

카미유는 잃어버린 조각 '클로토'의 표정처럼 얼굴을 찡그렸어요. 카미유가 1893년에 조각한 '클로토'는 운명을 주관하는 그리스의 세 여신, 클로토, 라케시스, 아트로포스 중에서 탄생을 맡은 여신이에요. 클로토는 베를 짜며 사람들의 운명을 짜는데, 이것이 얼마나 강력한지 신들의 왕인 제우스마저 바꿀 수가 없었대요. 카미유는 그 강력하고 아름다운 여신을 아주 추하게 조각했어요. 누군가를 노려보며 비웃기라도 하는 것처럼 일그러진 표정이 섬뜩한 이 조각은, 칼자국이 있는 배와 뼈만 남은 다리가 음산한 천에 가려진 모습이에요.

나를 조각할 때처럼, 카미유는 클로토 역시 비웃고 싶었던 거예요. 추하고 비겁한 여신이 짜 준 운명 따위는 맘껏 저주하고, 자기 운명을 스스로 만들어 가려는 의지를 담아냈지요. 그러나 카미유는 지난 1898년, 전시회 도중 감쪽같이 사라져 버린 '클로토'를 끝내

로댕은 정말 카미유를 방해했을까?

로댕은 즉흥적이고 책임감도 없고 비겁하긴 했지만, 적어도 카미유를 도우려고 했던 사람 가운데 하나였던 것 같다. 카미유와 헤어진 뒤, 로댕은 비평가들에게 카미유의 작품을 소개하고 적극 추천하며 예술성을 높이 칭찬했다. "나는 금을 어디서 찾아야 하는가를 카미유에게 가르쳤지만, 카미유는 이미 자신의 금을 찾아냈다."라는 깜짝 놀랄 만한 말로 카미유의 창작을 격려하기도 했다.

자신을 풍자한 카미유의 작품 '중년'이 전시되는 것이 싫어 화랑 사람들에게 그 내색을 하기는 했지만, 로댕은 카미유가 정신 병원에 갇혔다는 소식을 들은 뒤에는 크게 죄책감을 느끼며 돈을 보내는 등 빠른 퇴원을 기원했다. 하지만 그런 일들이 이미 깊을 대로 깊어진 카미유의 상처받은 마음에 위로가 되었는지는 알 수 없다. 로댕은 카미유가 정신 병원에 갇힌 지 4년 만에 먼저 세상을 떠났다.

찾지 못했어요. 너무 속상한 카미유는 이 일 역시 로댕이 지시했다고 믿었어요. 아무런 사실도 확인할 수는 없었지만 말이에요.

지치고 아픈 카미유는 조각도 하지 않고 날마다 편지만 썼어요. 동생 폴과 루이즈, 사촌 티에리, 친구 제시…… 누구라도 좋았어요. 카미유의 말을 들어줄 사람이라면 그 누구라도!

나의 사촌 티에리에게

나한테는 통장이 있어요.
독이 내 몸에 흘러요. 그래서 자꾸 내 몸이 뜨거워지지요.
아파요! 아파요!
로댕이 내게 독약을 줘요.
로댕은 내 작업실을 갖고 싶어하거든요.
사실, 로댕은 사람을 사서 나를 죽이려고 한답니다.
빌뇌브 숲 속, 제앵이 있던 곳에서요.
아, 나의 제앵!
내가 범인들한테 하는 말을 들었다고요.
그들이 나를 잡으러 와요.
리조토를 먹고 싶어요.
따뜻한 걸로요.

　가엾은 카미유의 영혼은 '원하지 않지만 어쩔 수 없는' 운명에 끌려가길 거부했지만, 카미유를 도와주는 사람은 아무도 없었어요. 모두에게 버림받은 카미유는 배고팠고, 외로웠고, 혼란스러웠고, 많이 아팠어요.
　강박증과 정신 분열!
　카미유는 애써 만든 자신의 조각들을 부수기 시작했어요. 그리고 어디론가 뛰쳐나가 한참 동안 돌아오지 않는 일이 되풀이되었어요. 카미유의 유별난 행동에 지쳐 있던 가족들은 도움이 필요한 카미유에게 차갑게 등을 돌렸어요. 심지어 카미유를 끔찍이 사랑했던 아버지가 돌아가셨을 때는 그 사실조차 알려 주지 않았지요. 그리고 그로부터 열흘 뒤인 1913년 3월 10일, 작업실로 들이닥친 두 명의 남자 간호사들은 카미유를 빌 에브라르 정신 병원으로 데려갔어요.

이듬해 몽드베르그 정신 병원으로 옮겨진 카미유는 그곳에서 무려 30년을 갇혀 지냈어요. 증세가 많이 나아져 이제는 외출이나 퇴원을 해도 좋다는 담당 의사의 권유를 받고도 가족들은 고개를 저었어요. 되도록이면 카미유와 마주치지 않고 살기를 바랐던 거예요. 카미유는 정신 병원에서 쓸쓸히 죽어 갔어요. 사랑하는 남동생 폴마저도 오랜 외국 생활로 이따금씩 병원을 방문했을 뿐이지요.

그 긴 세월 동안 나는 카미유가 스스로에게 위로가 될 수 있도록 그림을 그리거나 조각을 하며 지냈으면 싶었어요. 하지만 카미유는 그러지 않았어요. 정신 병원 안에서 단 한 번도 그림을 그리거나 조각을 하지 않았지요. 그것은 예술가로서의 카미유를 받아들이지 않은 세상에 저항하는 카미유의 적극적인 의지의 표현이었지요. 아무것도 하지 않는 것! 바로 그것은 하고 싶은 마음과 꼭 해야만 하는 의지를 가장 강하게 보여 주는 거니까요.

'지지 않아! 남들에 의해 만들어지는 운명 따위에 지지 않을 거야.'

그러나 잔인한 시대와 사람들은 카미유의 모든 것을 무시했어요. 카미유의 자유, 소망, 의지, 기도 따위는 관심도 없었지요. 카미유의 불행에 가슴이 먹먹해질 정도로 슬펐던 건 오로지 나 같은 카미유의 조각 작품들뿐이었을까요? 아, 나는 정말이지 큰 소리로 울고 싶어요.

하지만 나는 알아요. 천재적인 재능과 뜨거운 열정으로 빚어낸 카미유의 아름다운 작품들은 영원히 사람들의 마음속에 살아 있으리라는 것을요.

한국의 카미유 클로델, 나혜석

세상 사람들의 편견 속에서 비극적인 삶을 마친 여성 예술가는 우리나라에도 있다. 바로 우리나라 최초의 서양 미술 화가인 나혜석.

나혜석은 1896년 이름 높은 양반 집안의 딸로 태어나 일본에서 서양 미술을 공부했다. 3·1 운동에 적극 참가하여 옥살이까지 했던 나혜석은 그 때 자신을 변론해 준 변호사 김우영과 결혼한 뒤, 여성 운동을 벌이며 화가로서 개인전을 여는 등 활발한 활동을 펼쳤다. 그러나 현모양처가 되기를 강요하는 가정을 견뎌 내지 못하고 이혼하면서 사회적으로 큰 비난을 받게 된다. 화가로서 당당히 맞서려던 나혜석의 노력 역시 어느 누구 하나 따뜻하게 봐 주지 않았다. 심한 신경 쇠약 증세를 보이던 나혜석은 결국 뇌졸중으로 반신불수가 되어, 양로원과 보육 시설 등을 떠돌아다니다 1948년 행려병자로 길에서 죽고 말았다.

작품으로는 '자화상', '나부', '강변', '개척자', '봉황산', '천후궁', '화가촌', '아이들', '정원' 등이 남아 있으며, 나혜석이 태어난 수원에는 '나혜석 거리'가 만들어져 안타까운 삶을 기리고 있다.

카미유 클로델의 생애

1864년   12월 8일, 프랑스 북부 페르 앙 타르드누아에서 등기소 소장인 아버지 루이 프로스페르 클로델과 어머니 루이즈 아테네즈 세르보의 1남 2녀 중 맏딸로 태어남.

1879년   15세   조각가 알프레드 부셰에게 조각에 대한 기초 수업을 받음.

1880년   16세   파리로 이사 감. 국립 예술 학교에 들어가려 했으나 여학생을 받지 않는 학칙에 따라 입학을 거절당함.

1881년   17세   사립 미술 학교인 콜라로시 아카데미에 입학함. 영국 여류 조각가들과 함께 공동 작업실에서 조각에 몰두함. 알프레드 부셰가 정기적으로 찾아와 조언을 해 줌. '13세의 폴 클로델'을 만듦.

1882년   18세   하녀 엘렌을 모델로 만든 '할머니 엘렌'을 살롱전에 처음으로 출품함. 동생들을 모델로 한 흉상을 만듦.

1883년   19세   오귀스트 로댕을 만남.

1884년   20세   '16세의 폴 클로델'을 만듦.

1885년   21세   로댕의 작업실에 나가게 되면서 두상과 손을 중심으로 습작함.

1887년   23세   로댕과 정식으로 계약을 맺고, '칼레의 시민', '지옥의 문' 같은 작품 제작에 참여함. '밀단을 진 소녀'를 만듦.

1888년   24세   '사쿤탈라'(석고)로 프랑스 예술가 살롱전에서 최고상을 받음.

1892년   28세   클로드 드뷔시와 우정을 나눔. 살롱전에 '로댕의 흉상'(청동)을 출품함.

연도	나이	내용
1893년	29세	로댕의 아이를 임신하여 리즐레트 성에서 숨어 지내다, 유산이 되자 로댕과 헤어지고 작업에만 전념함. '어린 소녀 샤틀렌'(석고)을 만듦. '왈츠', '클로토'를 살롱전에 출품함.
1894년	30세	'어린 소녀 샤틀렌'(청동), '비상하는 신'을 살롱전에 출품함.
1895년	31세	'뜬소문'(석고), '어린 소녀 샤틀렌'(대리석)을 만듦. '중년'을 만들기 시작함.
1897년	33세	'뜬소문'을 옥으로 다시 조각하여 샹드마르 살롱전에 출품하여 큰 성공을 거둠.
1898년	34세	전시회 도중 '클로토'가 사라진 일을 계기로 로댕과 완전히 헤어짐.
1899년	35세	'애원', '쪽진 머리의 소녀'를 만듦.
1900년	36세	'중년'을 완성함. '운명'을 만듦.
1904년	40세	'플루트를 부는 여인'을 만듦.
1905년	41세	12월, 으제니 블로의 주선으로 전시회를 열고 작품 13점을 전시했으나 실패함. '사쿤탈라'를 대리석으로 만들어 '소외된 사람들'이란 제목으로 살롱전에 출품함.
1906년	42세	동생 폴이 결혼과 함께 중국으로 떠남. 가출이 시작되고 자신의 조각을 부수는 등 정신 분열 증세가 나타남. 마지막 작품인 '상처 입은 니오비드'(석고)를 만듦.
1913년	49세	아버지가 세상을 떠난 지 일주일 만에 가족들에 의해 빌 에브라르 정신 병원으로 보내어짐.
1914년	50세	몽드베르그 정신 병원으로 옮겨짐.
1943년	79세	10월 19일, 30년간 정신 병원에서 갇혀 지내다가 세상을 떠남.

CAMILLE CLAUDEL